This Book Offers Free Bonus Puzzles

Available Here:

BestActivityBooks.com/WSBONUS20

5 TIPS TO START!

1) HOW TO SOLVE

The Puzzles are in a Classic Format:

- Words are hidden without breaks (no spaces, dashes, ...)
- Orientation: Forward & Backward, Up & Down or in Diagonal (can be in both directions)
- Words can overlap or cross each other

2) LEVEL UP THE GAME!

A space is provided next to each word to write new ones, translations or notes. We also offer a convenient **NOTEBOOK** at the end of this edition. It can help you organize your annotations, new words and/or observations.

3) TAG YOUR WORDS

Have you tried using a tag system? For example, you could mark the words which have been difficult to find with a cross, the ones you loved with a star, new words with a triangle, rare words with a diamond and so on...

4) EASY TO CUT!

The Puzzles come with an Extra Large margin to easily cut the page out of the book. Some people may feel it more convenient to solve them this way.

5) FINISHED?

Go to the bonus section: **MONSTER CHALLENGE** to find a free game offered at the end of this edition!

Want **more fun** and activities to **relax? It's Fast and Simple!** An entire Game Book Collection **just one click away!**

Find your next challenge at:

BestActivityBooks.com/MyNextWordSearch

Ready, Set... Go!

Did you know there are around 7,000 different languages in the world? Words are precious.

We love languages and have been working hard to make the highest quality books for you. Our ingredients?

One part easy-to-read print, three parts entertainment, then we add some challenging words and a pinch of rare ones. We brew them with care to serve you lots of fun and an opportunity to solve the best puzzles.

Your feedback is essential. You can be an active participant in the success of this book by leaving us a review. Tell us what you liked most in this edition!

Here is a short link which will take you to your Amazon orders review page.

BestBooksActivity.com/Review50

Thanks for your fidelity and enjoy the Game!

Delta Classics Team

Puzzle 1

```
パイン論ノ最結しるネッキ一定の
恐れている室もーワシふ解報圧周ハ
書き込み芸さく幸示所方コ権登砂ど
博物館出はレあ乗示囚な狙砂選リラ
だ方安ヒドれぼ応選無ょ圧登じ通ホ
場ゃろドラルぼ応選ラ通ぽギリ本ス
ゃカルれラル向ヒ暫京ひ会何ロじプ
カルれあれざきレフィールエぞ絶お
ケースメろハ多ょッ通カ弱いぎ！望き
海じゃろハ暫京故歩すごーぞ会的せ
じし囚場再然然暫進だぎ会なぽ向
し合ひ再ざテ方百応愛応カぽゃド
合ひ妊ぎざテ方百応暫愛カぽゃょ
ひ妊ぎざテ方百応愛応カぽゃドょ
```

一定の	メール
示した	すごいぞ！
乗って	絶望的な
ギャロップ	シャワー
あった	最も幸せな
フィール	博物館は
書き込み	キツネ
パイン	ドライバー
恐れている	ケース
周囲の	シャツ

Puzzle 2

```
重 ラ 投 ド や ド 砂 だ 覧 芸 ざ 進 海 然 戦
ま 所 ー タ ン エ 嶋 む ク ま ん 出 登 権 争
ふ ヤ ク ヌ ェ 玉 ね ぎ ウ ど 私 権 私 ぽ の
取 ら れ る ジ 職 員 が ォ ッ 育 弱 ぽ コ ん
利 れ 意 ふ オ 覧 通 ょ チ ぽ 画 ニ コ ぎ ゃ
点 人 気 の ン ラ 会 解 ッ 被 本 者 ぎ フ ち
の 会 の だ ー シ ョ ク ィ 害 カ ラ ノ グ あ
意 ょ 退 サ タ 検 索 フ フ ン シ シ ぽ ひ ば
サ ぎ 百 育 リ 意 ノ 結 モ ヒ ン グ ソ 会 お
ぎ ど く チ ひ ぐ 所 結 投 本 嶋 ノ 何 重 だ
辞 っ ゃ カ 会 ま 摘 れ 観 ぽ ソ の 然
ノ ぎ 砂 ト 止 エ 画 ん 察 む ぎ ひ 然 場
し ふ 意 ン 選 チ ！ 私 す エ せ 会 の
ヱ だ ソ 芸 二 辞 る 彼 ら の も せ 囚 る
```

エンター   取られる
止まれ！   検索フェンシング
ウォッチ   フィクション
観察する   オブジェ
戦争の   被害者
利点の   ヤード
カラフル   職員が
リターン   玉ねぎ
彼らのもの   人気の
ブラシ   おばあちゃんの

Puzzle 3

所	準	妊	っ	育	暫	レ	ナ	ショ	ナ	ル	ブ	燃	摘
ま	ゃ	備	ど	写	多	ホ	ざ	話	向	話	化	や	ん
ぎ	れ	ヒ	完	ラ	ス	ト	だ	再	解	愛	ひ	さ	論
少	な	い	だ	向	所	読	ほ	読	意	海	だ	れ	破
写	海	だ	結	ニ	意	妊	と	テ	ひ	会	ニ	た	ら
ゃ	知	っ	て	い	無	ぎ	ん	っ	投	ニ	ト	安	は
も	私	キ	ホ	歩	や	京	ソ	ひ	ま	イ	レ	ゅ	、
チ	ク	ャ	応	場	読	ヌ	テ	投	場	る	イ	リ	サ
ぎ	暫	ン	ぎ	エ	せ	ヌ	っ	ニ	イ	ジ	リ	重	会
ょ	意	ペ	写	イ	モ	応	ド	ャ	る	覧	レ	ア	応
ぎ	れ	ー	き	ブ	ベ	芸	ヌ	ハ	ジ	ざ	愛	ィ	ク
場	チ	ン	ト	ル	ティ	ロ	ー	だ	グ	海	ま	デ	愛
ぼ	ニ	リ	ア	リ	安	っ	ヒ	グ	レ	ざ	レ	メ	リ
し	何	て	囚	安	辞	っ	ー	ヒ	ま	セ	ろ	妊	ク

リアリティ	アドレス
知っている	少ない
タイニー	ナショナル
メディア	ラスト
ハード	大きい
破らは、	ブレイブ
トレジャー	準備完了
燃やされた	キャンペーン
レジストの	グロー
ほとんど	エイブル

Puzzle 4

画	合	ハ	京	ル	ー	ド	ン	ラ	グ	の	ボ	イ	ド	個
場	弱	ま	ー	タ	ク	ア	ロ	ク	ー	ォ	フ	ス	セ	人
セ	応	プ	ロ	場	社	登	結	お	ぽ	お	応	報	ょ	的
摘	ル	だ	ボ	芸	コ	ン	タ	ク	ト	ダ	ス	ィ	に	は
ミ	セ	ま	通	っ	加	し	ふ	ス	加	ー	ヒ	育	や	圧
し	む	会	何	ぽ	や	通	ひ	画	会	ソ	ー	や	も	の
選	覧	ル	イ	オ	ー	プ	ナ	ー	カ	写	ベ	百	ぎ	薬
阪	通	な	ー	ド	精	だ	摘	話	ホ	嶋	向	チ	ヱ	剤
写	敢	応	ジ	ひ	ツ	ツ	お	む	嶋	応	も	ヲ	を	は
勇	ド	京	ー	社	室	ク	ぽ	ど	モ	ん	ラ	出	故	っ
モ	ス	は	さ	み	場	歩	、	ラ	イ	ブ	ラ	リ	れ	チ
選	ポ	ひ	で	モ	暫	何	コ	人	ヒ	ふ	ヱ	結	向	ソ
本	ッ	ト	ひ	だ	愛	阪	向	読	間	京	妊	嶋	廊	リ
っ	ト	本	応	登	育	だ	も	投	出	の	下	廊	向	リ

ダスティ
ミルプール
、人間の
ソース
勇敢な
ライブラリを
コンタクト
イージー
ドール
個人的には

のボイド
アクター
オープナー
スポット
廊下の
ボロー
グランド
はさみ
の薬剤は
フォークロア

Puzzle 5

```
化 ツ 嶋 進 多 横 育 多 私 会 る れ 進 ア 精
育 治 権 室 せ に ょ 進 結 婚 式 て 登 ト じ
砂 政 何 阪 る 振 れ 安 社 弱 辞 れ ぎ ミ 本
絹 の よ う な っ ツ ヒ は や す も ッ レ 進
ざ 革 会 阪 モ た 摘 ス ふ 暫 無 ら 場 ク ど
柔 改 ヒ 方 ブ イ ラ と 同 様 の し 歩 ど 暫
加 軟 だ だ 無 ク ニ 世 紀 を め き 能 モ 画
ぼ る な 意 場 写 室 安 阪 猫 応 抱 選 ン 精
京 ま 権 意 ょ 囚 阪 覧 ハ 子 囚 間 ソ ジ ル
ク ソ ぎ ペ ヌ ふ 弱 圧 投 モ 違 弱 ョ で
能 ッ 私 ー く 場 ス 本 モ い 摘 ジ ト
圧 安 ク ス 京 だ る ょ サ ー キ ュ レ ー ト
ハ 妊 ノ 無 辞 ニ 方 ぼ 然 欲 求 を ド リ 話
ろ れ 場 ニ ヒ 通 る ソ ベ ス ど ぎ ろ ニ カ
```

サーキュレート	と同様の
クラスは	アトミック
間違い	ライブ
柔軟な	欲求を
やすらぎ	結婚式
抱きしめられて	リージョン
世紀を	クック
の政治	絹のような
改革の	子猫を
ペース	横に振った

Puzzle 6

```
海 囚 故 お チ ワ ー ル ド ン ウ サ 結 な 側
そ れ ヌ ぼ ん 投 ざ れ モ 何 場 し く 則 チ
加 の 一 同 ブ 読 デ モ 応 嶋 ー 写 登 規 だ
ざ 育 他 私 重 無 ィ 応 側 ー シ れ ラ 不 ニ
お い し ハ 読 意 ナ っ 無 歩 ャ の ノ エ 能
サ ポ ー ト 合 味 側 む ラ す し 部 イ プ ヒ
ぽ 暫 べ だ ど 合 歩 ラ 摘 妊 べ 外 ズ ロ ひ
ベ ツ 妊 や 意 安 チ 進 意 弱 て の 論 ン ド
ふ ま 無 モ 百 歩 ー 怒 だ 費 や 芸 ア 再 ぎ
ベ レ ホ 登 精 ナ 暫 っ リ は 加 べ カ 話 加
応 ぼ 結 ま ト ヌ て 所 多 乏 て ウ ホ 何
ぎ ぎ ひ ー 登 れ い き 多 乏 室 ス だ ル
ま 能 パ じ ま お る 安 解 室 い ン 芸 京
レ 再 社 辞 ス か も し れ な い ニ ト 狙 京
```

同一の	アカウント
かもしれない	サポート
外部の	エプロン
パートナー	その他
シャープな	おいしい
不規則な	サウンド
ノイズ	無意味
すべての	ブラッド
ワールド	ディナー
は費やして	怒っている

Puzzle 7

ぽ 話 ひ 所 芸 ふ ア チ 重 だ キ ひ 然 モ ワ
応 っ ま ふ 乏 ひ ン ニ 室 出 ャ 意 本 出 イ
意 化 再 利 用 可 能 な テ 出 リ ょ 濃 嶋 ヤ
第 三 は 、 ト ラ 応 て 進 ィ ア む ク ふ ベ
き レ 何 方 リ サ て 進 何 故 ー ふ 開 が ホ
故 加 む ヒ る カ カ ニ じ ひ ズ ク ど 弱 弱
ま る 私 ひ ホ の プ 応 て 京 ー ズ き 正
読 一 競 争 エ ン ド ウ ド ヌ 解 チ 通 育 解
故 テ 緒 然 に ヌ ー テ テ ー 意 向 摘 ！
多 出 チ 数 を ド ウ 豆 画 ニ 応 登 圧 よ
む 化 ス 、 エ ニ せ 方 的 意 向 退 分
っ 暫 登 工 攻 撃 阪 金 故 選 話 重 十
ツ ツ ト ウ ハ ス 重 故 意 登 重 二 歩
プ ッ ト ー ル の 愛 無 鬼 血 吸 苦 ノ し む

キャリア　　　　　　プット
攻撃的な　　　　　　一緒にを
もう十分よ！　　　　第三は、
チーズ　　　　　　　アンティークが
吸血鬼の　　　　　　、数が
濃縮物　　　　　　　エンドウ豆
競争の　　　　　　　ワイヤ
ニーズ　　　　　　　正解！
ウールの　　　　　　再利用可能な
苦しむ　　　　　　　テープの

Puzzle 8

ヒ き く 育 ク 加 て ざ ろ ふ ぼ 報 、 私 出
ヌ で ざ ュ リ き ろ 芸 し ツ は 精 て 意 し
ニ 囚 ボ シ ー ヒ 写 ざ る ス ソ 選 意 場 困
美 し い ッ ワ 向 ぽ グ ふ キ ー 私 サ ら せ
ニ 辞 会 レ 写 じ ニ ビ 数 ス コ の プ れ る
る 室 べ フ 何 食 ロ 重 す リ く ニ ラ 合 妊
手 ブ レ 解 場 ぼ べ 百 こ 別 ひ 画 イ レ ス
場 ど ざ 小 つ ト 京 る と 方 識 、 ズ ヌ 結
会 ラ コ さ ア ウ イ ょ ス ス ヌ 法 れ っ き
キ 狙 ニ な エ ざ ま 、 ッ プ 向 律 合 意 ニ
ャ キ ッ ズ 歩 る シ ショ チ る ニ レ ヌ ク
ン 囚 合 ろ 歩 ノ 開 側 ベ 結 話 無 っ ツ
ド 登 ヌ ホ 社 権 妊 だ 読 ぼ や お ょ 意
ル 退 何 ゅ 社 写 で 育 社 読 ぼ お ょ ツ

スワン	小さな
トーキング	食べること
クリーン	識別する
手ブレ	ショップ
キャンドル	、法律
アウェイ	数多くの
フレッシュ	サプライズ
ロビンスは、	キッズ
困らせる	美しい
、さまざまな	ボックス

Puzzle 9

走 れ 。 や ム ル イ ン ス タ ン ト 風 化 選
お お ム ヒ イ ー 登 ト リ ゅ ハ 使 呂 私 乗
父 報 ラ ダ ー エ リ ク レ 社 摘 命 の バ り
さ 出 コ 向 向 ッ 育 ク イ レ ブ は プ ラ 物
ん ロ 圧 ぼ プ 完 璧 だ ！ お や 、 ー エ や
ク サ 多 通 登 選 ぽ 私 ん 芸 じ ニ ル テ 応
妊 ブ ス ノ ベ ラ ト ス や レ 妊 っ グ ィ 所
ベ コ ぐ や ト 砂 て ハ ス ヱ 投 く お ぎ ひ
ジ ン レ ト ス 精 チ 安 ティ コ 退 も 進 ベ ク
育 パ 読 権 辞 ょ 話 し ッ 与 え ぽ テ 論 ル
さ ク ッ ェ チ ま ま や ク え ぽ サ 場 レ 向
合 ト 開 ス ス 登 チ 話 通 重 ゃ ぐ レ 歩 私
囚 リ 会 開 ょ 室 ニ ょ 方 ぐ テ 無 開 っ ヱ
エ れ 何 能 コ 解 無 多 ニ 金 応 も も 百

走れ。
完璧だ！
バラエティ
チェックさ
与えた
クリーム
レクリエー
お父さん
グループの
ストリップ

乗り物
使命は、
スティック
ストレンジ
風呂の
サブコンパクト
クロコダイル
ブレイク
インスタント
コラム

Puzzle 10

京	ス	歩	画	論	愚	プ	ぎ	ぼ	写	写	チ	応	ド	無	て
再	ト	ッ	ナ	囚	か	ょ	レ	様	々	な	に	沿	っ	ハ	合
ひ	ー	む	ス	ゃ	な	ィ	百	シ	ャ	方	リ	ベ	暫	る	意
プ	ブ	ー	タ	ス	選	デ	カ	ム	ャ	く	れ	ド	む	ひ	ヌ
嶋	レ	無	ニ	砂	し	私	乏	ヌ	写	辞	能	ラ	会	ヒ	だ
無	お	ン	側	む	海	安	ト	再	合	る	モ	ま	登	っ	
知	つ	投	テ	話	む	ニ	も	摘	応	ス	ー	京	然	な	
恵	ス	ハ	レ	て	ゃ	退	話	応	滅	ハ	だ	で	だ	っ	
の	レ	し	室	だ	退	権	れ	育	寸	ン	マ	重	し	セ	
む	ぎ	っ	向	っ	何	退	嶋	ニ	前	会	京	要			
く	京	応	ズ	何	読	ル	暫	ヌ	叫	だ	で	だ			
ディ	ベ	イ	ト	運	ば	い	弱	多	ん	重	っ				
弱	権	ぐ	ワ	レ	ろ	る	十	投	ヒ	要	な				
プ	ロ	グ	レ	ス	ろ	ハ	明	報	方	だ	ふ	ぼ	セ		

叫んだ	絶滅寸前
ディベイト	愚かな
プレンティ	ムカデ
明るい	プログレス
重要な	十分な
運ばれる	に沿って
ストーブ	ワイズ
ナット	プレシャス
様々な	ハンマー
ディスターブ	知恵の

Puzzle 11

サ	歩	せ	で	サ	し	サ	レ	出	写	安	教	チ	セ	だ
本	イ	辞	ラ	出	セ	話	ざ	ツ	ざ	場	え	会	ゃ	カ
ラ	ん	ク	リ	写	再	室	る	す	ら	て	権	ス		
ト	方	阪	リ	意	育	儀	登	だ	ま	い	か	暖		
ヌ	暫	む	類	ざ	礼	論	正	し	れ	な	合	リ		
囚	っ	所	ン	グ	愛	ノ	ニ	い	た	い	壮	バ		
狙	精	意	ミ	れ	社	て	再	行	ツ	私	大	イ		
ヌ	私	ク	タ	ぽ	場	愛	辞	ヒ	で	ニ	な	ソ		
ヌ	ル	ふ	ビ	論	レ	写	本	ヒ	サ	場	的	ン		
ざ	結	場	ょ	も	ス	嶋	ガ	辞	を	ニ	理	能		
画	バ	社	ぎ	ク	の	エ	嶋	言	益	再	物	暫		
選	ッ	登	故	フ	せ	ト	進	語	利	ぽ	辞	歩		
何	チ	ヘ	ピ	ル	妊	砂	ハ	も	の	セ	ン	ス		
歩	ぽ	論	ン	ス		嶋	カ		ぽ	ッ	通	阪		

言語の	教えられた
ダウンステア	ていない
ピンクの	行います
バイソン	サイクリング
暖かい	壮大な
物理的な	の利益を
バッチ	エッセンス
礼儀正しい	のほか
トリック	ヘルプフル
ヒキガエル	ビタミン類

Puzzle 12

ウ	故	ス	シ	モ	四	歩	だ	退	無	ひ	だ	進	適	輝
じ	ォ	ト	ー	ヱ	半	し	よ	う	と	す	る	し	き	を
ふ	何	ー	ル	ネ	ス	ト	期	投	ス	歩	ざ	す	た	を
何	応	専	ク	つ	も	り	室	海	テ	応	解	応	画	社
開	本	門	暫	ヌ	海	プ	ま	む	じ	リ	理	解	社	囚
京	無	家	ビ	ル	ド	ロ	暫	結	選	じ	百	弱	囚	る
意	進	会	嶋	レ	育	セ	出	砂	故	民	百	精	る	ク
出	権	応	ク	ゲ	ざ	ス	通	だ	無	主	む	ひ	ク	れ
関	連	す	る	ー	ヒ	の	ん	毎	所	的	愛	弱	れ	べ
囚	狙	話	応	ム	む	ゃ	愛	年	所	本	な	本	現	る
話	セ	何	き	ク	ち	加	ニ	恒	本	的	辞	れ	る	本
京	覧	セ	弱	猫	登	室	化	例	ニ	な	側	き	る	コ
ハ	エ	コ	通	辞	乏	然	狙	の	や	結	ハ	キ	ノ	無
開	サ	ま	重	エ	狙	意	ひ	能	ぐ	方	ぼ	多	無	っ

ウォーク	四半期
適した	つもり
民主的な	プロセスの
しようとする	毎年恒例の
輝きを	猫ちゃん
ネスト	キノコ
関連する	専門家
理解する	の基本的な
ビルド	ゲーム
現れる	シール

Puzzle 13

報 化 嶋 じ ぽ チ 選 ジ ャ ッ ジ エ だ 応 本 砂
暫 砂 社 暫 ひ 写 も ゅ る 合 ひ 愛 ー 合 ヒ じ
重 投 覧 合 多 組 ひ セ の な 入 能 し 安 辞 辞
嶋 能 ス 場 み ト ゃ 界 異 パ ひ し 百 辞 ヌ 開
摘 つ ド 歩 、 き ラ 業 の ド 育 っ 然 会 応 狙
き ま 両 は わ っ 向 育 好 挿 自 然 だ 多 ク 話
芸 車 登 ど ざ 弱 暫 百 き ひ 分 多 ラ 多 育 リ
じ 退 狙 ノ 妊 所 セ セ れ 育 自 退 ブ プ っ だ
ヒ て ア ティ ス お 弱 択 選 自 身 だ ッ リ 登 許
っ ブ 故 然 ィ よ 権 を ヌ 分 を ラ ト ッ じ 可
ブ ベ レ ホ ョ 電 卓 開 レ を ヌ ブ 応 ト ゃ の
ル ひ む 通 チ ざ 意 ス ォ レ 精 じ する
圧 ル ぎ 方 囚 暫 弱 む ト レ ス ッ 応 じ
セ ま ニ ホ ス 歩 む む ス ブ リ 応
で だ きゅ ホ

ジャッジ	許可のする
電卓を	挿入し
チョイス	パウダー
業界の	車両は、
を選択	の異なる
アーティス	組み合わせ
ノーブル	レベル
トリップ	フォレスト
選挙の	ブラック
自分自身を	の好きな

Puzzle 14

```
ふ ヒ 能 安 ニ つ 金 画 向 お ま ょ 加 ニ 場
登 妊 ド ツ ヌ ら 応 エ だ 精 や 摘 ヌ 読 結
ろ 無 ド ゅ 京 ニ べ ら 加 れ 社 つ ホ 結 登
セ て た だ 交 ハ に を 城 の 砂 バ 故 通 通
京 っ フ ロ ト 渉 能 リ ま 論 ぽ イ 重 歩 歩
笑 乏 ル 京 多 側 す っ す 可 芸 ク 圧 く く
ぽ 能 ウ ス 話 も 出 ニ キ ド 許 ッ ナ こ と
育 小 麦 の ょ ど い る ッ ベ ひ タ レ と せ
も べ 意 会 ど 会 思 意 ド ま 緩 ア ー ノ
何 弱 だ 妊 話 ハ 写 故 辞 や や 読 タ を ゃ
参 加 者 が セ 応 故 海 ゃ か ヒ を 応
ノ 重 重 画 ブ 欠 写 ド ょ な 開 会 ス
ペ ッ ト リ は い ている 通 然 エ れ 覧 結
パ ー ド ン 社 辞 る 暫 論 結 ひ 登 ヌ 覧 結 ス
```

笑った　　　　　　は欠いている
ナレーターを　　　交渉する
思い出す　　　　　ウルフ
緩やかな　　　　　ブリード
バイク　　　　　　キッド
ペット　　　　　　パードン
フロント　　　　　許可する
砂の城をに　　　　歩くこと
つららを　　　　　小麦の
アタック　　　　　参加者が

Puzzle 15

```
指 ペ イ ン ト 嶋 圧 方 近 ふ 多 重 ノ む 登
覧 名 ゃ 能 ぐ ひ 愛 精 づ 再 報 ざ モ 辞 通
ニ 海 手 摘 ソ 愛 ら き サ 意 百 海 応 こ ぼ
ん だ て 配 特 の ざ ま き 砂 取 る こ っ と
を お ろ う だ 方 ょ 濃 何 サ 画 精 む ょ ク
べ も ぎ 読 ニ 論 嶋 れ 安 ー む ま フ 何 べ
何 解 な い 洋 食 洋 会 物 育 ビ れ ェ 権 故
摘 何 ツ 寒 せ ひ 食 囚 の れ ス ブ レ 出 で
フ ォ ド 肌 ん サ 退 ひ ス ブ を フ ッ 覧 覧
ト む 京 登 歩 嶋 砂 ョ ウ ロ 提 ェ ト 写 ス
し む ワ 室 王 ベ ヒ 結 阪 ッ 供 レ ひ ク 暫
だ べ び ィ ツ ド 精 ゅ 結 ト は チ 合 弱 ん
社 滅 所 ゅ ド 再 コ ろ 登 ゅ チ ひ ひ 故
エ ー ジ ェ ン ト せ 然 安 囚 、 辞 合 ひ 故
```

特定の
ブロックは、
キャベツ
王室の
何もない
エージェント
近づきます
ヒョウ
洋食-洋食
取ること

ペイント
ダーティー
サービスを提供
濃縮物の
をだろう
指名手配
肌寒い
滅びの
フェレット
フォワード

Puzzle 16

```
育 解 の 捧 げ ま す 向 通 多 合 カ エ る ド
ベ カ 約 農 き 化 ツ 百 合 本 意 京 ク ン モ
登 ト 契 ジ 産 ま は 百 の ソ 安 ア ヱ 覧 ハ
ウ ィ ル ロ ざ 物 で 社 ツ ア 投 カ ス タ ト
ぽ ひ む ノ 然 ル が カ キ ス タ ル ぐ ひ ム
ト ピ ッ ク ス 故 ツ ふ ャ ピ 開 も 退 報 モ
登 出 ぎ テ 私 ミ る キ ノ タ 室 読 レ 歩 開
無 精 ノ チ ス ょ さ ノ 退 ル 社 報 べ 狙 投
化 結 芸 む 何 阪 と 出 っ 室 や 砂 狙 ん 金
キ ン グ ヌ ト 囚 な 会 ぼ つ ツ 母 さ 選 ひ
話 本 レ レ ど り だ う つ る お ん ろ リ 方
弱 百 ク つ べ 会 ぽ ま お ニ お 選 ス 乏
摘 投 ベ ト ぎ 話 場 ニ 先 チ お ニ ろ ス ひ
タ マ ネ ギ 覧 レ 場 ゅ ス ス ノ ス
```

まずは	ボルト
トピックス	続ける
ミツバチの	アセンド
捧げます	契約の
タマネギ	キャピタル
お母さん	ウィル
うなり	テクノロジ
ふるさと	キング
カスタムカスタム	つま先
出会う	の農産物が

Puzzle 17

室	場	ヌ	ニ	ぎ	ぎ	だ	チ	広	ノ	精	テ	す	愛	エ
セ	ロ	リ	の	投	ひ	ソ	歩	が	ま	ソ	ス	み	ニ	ラ
ぎ	論	れ	ヒ	囚	話	ヌ	り	ヒ	れ	妊	れ	だ	だ	ト
エ	能	ス	狙	覧	狙	も	百	を	私	退	ぎ	投	投	通
精	狙	方	ス	ス	然	通	ル	ろ	レ	論	阪	ひ	ひ	面
ヱ	囚	き	ュ	れ	っ	ミ	の	ッ	ス	備	す	る	る	白
骨	董	品	ト	応	ど	登	チ	ク	天	百	だ	レ	ぎ	い
重	だ	故	フ	ー	ょ	投	ェ	の	べ	物	！	ク	ひ	。
覧	モ	イ	ァ	キ	じ	ム	ー	使	ス	囚	く	金	チ	進
ヒ	ョ	フ	投	ャ	に	ス	ゲ	食	天	ホ	提	れ	応	ざ
ジ	オ	ル	権	シ	ス	プ	ン	ふ	ゴ	ゴ	出	ど	再	ト
の	応	ま	ー	だ	プ	ラ	チ	ー	ッ	は	っ	ー	シ	狙
ん	レ	精	登	ス	ラ	ス	ォ	ン	ム	ー	マ	シ	ヒ	ヒ
再	や	再	ょ	然	化	フ	ー	登	む	ひ	ン	ョ	ヒ	チ
						所	だ		む	っ	ス	ン	ぼ	覧

のオファー
レクリエーション
面白い。
ミックス
パフォーマンス
のチェーン
ジョイフル
プラスチッ
セロリの
天使の

すみれ
シャキー
ゲームに
準備する
ルース
提出は
食べ物！
広がりを
骨董品
ゴーン

Puzzle 18

```
ヤ マ ネ コ ベ ル 過 リ サ 妊 再 囚 ク 行 ょ
の 背 後 に あ る ご 減 少 を ぽ ド 引 き 会
論 合 だ 重 会 応 す 向 何 故 出 能 き ま 解
結 ヌ き 論 て ま 私 ニ し ろ 二 べ ぽ し ん
ふ 妊 会 ぎ ゃ シ ズ 故 歩 や 然 す ト た レ
場 多 覧 読 モ 登 ー 香 れ 無 退 写 応 覧 ッ
摘 応 暫 ゃ ど ざ 方 海 シ 登 狙 暫 ハ 安 ド
登 会 カ ひ お 権 歩 方 側 化 モ サ だ ろ ひ
ラ 会 本 辞 ひ ふ 画 シ 囚 愛 京 っ ひ ど
ド 妊 結 ろ ふ っ る サ 決 済 再 ま ぽ い
だ ド 化 ラ 話 て ふ ま た み ク カ っ ソ ざ
ノ だ 出 ー チ い か 多 解 済 ネ タ 社 れ 京
ひ セ ざ 狙 て さ 多 決 し み 再 イ 向 ぽ 結
く ろ リ 狙 さ れ て い る れ さ 達 向 ら
```

の背後にある	香りが
引き出しが	リーチ
いつか	過ごす
達される	レッド
結論の	ネクタイ
解決済み	ひどい
すべき	ヤマネコ
されている	シーズン
ていました	行きました
減少を	シティ

Puzzle 19

```
安 育 ニ モ オ 辞 む も 芸 囚 阪 意 側 ど 登
進 デ ご し は ー プ ン ャ シ お 出 っ ゅ 権
チ ー ロ ア 安 デ 妊 場 シ お だ ひ 嶋 テ 会
ヱ タ ラ 精 イ ィ カ テ シ リ オ 重 弱 砂 多
画 弱 ラ ッ ル ー カ 方 シ ニ 選 登 登 京 進
側 カ プ だ ク 再 方 ス 出 ョ ろ 能 弱 砂 ま
シ ル ー や 愛 カ 権 テ 出 ン ト ス 育 京 イ
退 ニ 応 バ ニ ヒ 精 テ エ イ を 驚 場 の チ
せ 出 ざ 乏 場 乏 ま ノ ポ き 京 狙 ゴ 狙 ゴ
本 話 海 合 写 一 読 ニ 摘 ッ お ド チ の 辞
勉 強 し な さ い 。 二 囚 ド 故 ド 精 狙 然
暫 ぎ ょ 狙 報 ラ ス ツ ー ル コ エ ど 多 権
ク ロ ッ カ ス 支 配 的 な 嶋 方 ど 社 て ふ
ま 阪 じ 暫 ん 所 ふ 論 き 辞 加 だ む て ふ
```

スツール	イチゴ
勉強しなさい。	ラップ
クロッカス	イルカ
データ	シュルー
バニー	クオリティ
オーディションを	カール
もう一つの	はしご
驚きの	支配的な
シャンプーは	ポイント
アプローチ	スキン

Puzzle 20

```
多 ス 所 ス カ お 阪 重 開 摘 育 無 弱 方 カ
ニ 方 ア ェ ウ 画 本 し 狙 サ 所 も っ ヌ ゅ
レ 車 私 ン ン ス 場 ひ ソ ゅ も ソ ぐ ぐ ト
活 動 の ド ス 弱 る 精 ひ 摘 お 化 き 精 選
摘 自 出 カ ふ ぼ 芸 力 ラ 本 場 育 能 よ ょ
精 軽 ピ ホ 意 グ リ 応 ー い や ク 京 通
解 ま ザ 無 合 リ ン ス ト ぼ ふ 歩 ニ
ぎ ヱ を 最 ひ ス ょ れ テ れ 能 イ ふ
金 っ 本 悪 ゅ だ リ き ぎ コ ラ ト ハ
る 狙 に の ぐ ト 狙 を ヱ イ ー コ
こ ん ち は 権 サ リ 読 供 組 ヱ 話 ロ ハ ぼ
狙 傾 向 が あ リ 子 だ 織 セ し ト 金 進
ス ノ ー ボ ー ル ペ ス 報 は 嶋 ハ デ 選
申 し 訳 あ り ま せ ん が 画 つ 意 だ 結 ょ
```

スペル	グリーン
活動の	子供を
ハート	ライト
デストロイ	スノーボール
カウント	ウェア
ピザを	申し訳ありませんが
きれい	組織は
傾向がある	軽自動車
こんにちは	理由は
最悪の	リリース

Puzzle 21

出	ハ	ス	テ	投	能	愛	故	写	投	テ	ク	ざ	進	る
安	乏	歩	解	ス	何	れ	じ	精	場	出	開	ッ	出	れ
っ	や	合	ぎ	ん	イ	ん	ラ	ハ	選	む	海	ホ	場	ホ
で	ふ	ス	無	方	ま	て	イ	育	乏	あ	ク	り	た	り
囚	サ	ク	フ	バ	ッ	精	ル	ひ	ク	ツ	再	れ	ょ	
進	ヌ	金	ひ	ァ	ふ	囚	ゃ	っ	暫	ぎ	ツ	優	ソ	
エ	囚	っ	辞	百	イ	ゃ	ド	応	解	海	芸	、	ぽ	
ど	ヌ	ニ	だ	ん	ひ	ラ	イ	能	本	む	チ	化	マ	
ト	歩	辞	側	化	ひ	万	テ	ざ	解	チ	読	ウ		
京	ピ	ツ	ょ	ヒ	側	人	あ	ょ	側	摘	に	マ		
辞	の	ー	カ	ッ	サ	の	な	ど	子	ス	よ	シ		
ょ	子	ル	ス	ウ	ェ	ち	た	ファ	イ	る	ュ			
開	分	フ	金	ェ	イ	ッ	自	合	ラ	ト	権	ー		
化	だ	弱	だ	ヱ	論	お	ス	身	弱	や	ろ	エ	だ	テ

、優れた	フルーツ
ウェット	シマウマ
分子の	万人の
テスト	あなた自身
あたり	ファイナル
フェイス	シュート
ガイドライ	による
ファイト	サッカーの
バット	ハイライト
ピース	子どもたち

Puzzle 22

解 嶋 ん 社 む ハ 会 ひ く 能 ス マ 画 つ テ
じ ょ チ ト ラ ラ れ ざ さ 歩 ろ ガ 最 ソ 暫
ホ 故 ケ ド ロ ッ プ を さ チ ク ジ も っ ニ
写 摘 ま ー じ プ お ン や 話 モ ン 大 だ 元
ゅ 愛 ひ 無 キ 社 ク モ か や ニ ト き っ に
故 ラ 通 辞 ホ ろ 化 ナ な 所 タ ル い 再 戻
登 ラ ス パ ー ク ル シ 場 を ー ケ だ コ す
れ だ 何 暫 ユ ニ ッ ト 生 ま ル ス 再 む し
と ん が ヌ 百 お ニ 芝 チ ホ ド じ ム 応 応
故 だ 通 再 所 ス 品 し 製 ぎ ブ ト ッ 芸 海
ぎ ニ 投 登 の 女 察 察 化 カ モ ッ セ 百 無
合 や 妊 報 室 性 警 モ 社 モ っ 狙 ゃ 乏 育
ぎ 圧 辞 論 お 阪 っ 阪 阪 リ 然 向 ょ 話 ゴ
べ モ も 論 お 阪 モ 阪 ま リ 然 向 話 ム 話

の女性　　　　　　　マガジン
セット　　　　　　　警察は
ストーリー　　　　　芝生を
ささやかな　　　　　製品の
スパークル　　　　　モニター
最も大きい　　　　　消しゴム
とんがり　　　　　　ケーキ
元に戻す　　　　　　スケルトン
ユニット　　　　　　カブトムシ
ドロップを　　　　　シナモンを

Puzzle 23

百	ひ	話	む	解	だ	狙	重	ム	ー	チ	想	ク	イ	テ
辞	金	っ	摘	ラ	だ	弱	能	ア	ょ	っ	定	テ	ラ	ひ
委	員	会	が	選	辞	ル	ェ	ジ	ン	エ	さ	て	砂	ス
プ	ロ	ダ	ク	ト	所	チ	読	愛	ォ	イ	れ	側	権	テ
ホ	ス	開	京	は	ま	だ	金	て	ウ	レ	る	す	求	要
退	で	嶋	話	芸	目	が	覚	め	た	ブ	け	ま	開	側
エ	キ	ス	パ	ン	ド	報	海	勧	開	ン	負	で	し	弱
ま	室	ヌ	加	だ	セ	百	は	お	ニ	ぼ	囚	中	追	る
無	弱	狙	く	ん	応	常	室	ぎ	側	べ	で	べ	求	モ
れ	ホ	て	摘	報	通	狙	て	ぎ	ド	金	故	応	す	ト
ど	応	覧	だ	開	開	ク	す	っ	芸	多	投	ど	る	セ
っ	解	し	だ	乏	関	係	の	ひ	何	る	海	摘	ヱ	テ
選	レ	じ	っ	ろ	ひ	ひ	画	る	退	ラ	社	ら	れ	愛
せ	ろ	レ	も	ヒ	レ	っ	ハ	ひ	っ	出	無	向	て	社

イレブン	関係の
中でます	エキスパンド
エンジェル	要求する
チーム	ウォン
テイク	追求する
チェアー	クラス
プロダクト	委員会が
想定される	はまだ
お勧め	目が覚めた
通常は	負ける

Puzzle 24

所 ろ 向 ひ 育 ニ 応 き 本 ソ ズ イ レ ま だ カ
通 ハ も ぎ リ カ む 応 摘 端 ク モ 愛 ヒ や 金
ょ 重 進 だ 営 業 時 間 両 の 必 ネ や だ き 暫
歩 ツ 夫 多 進 グ 報 だ 砂 圧 要 ー ド ん 投 き
安 丈 バ ル ー ン れ ふ 辞 意 な も の 囚 育 京
大 ホ ッ ケ ー シ 向 再 状 ヱ も プ だ べ ひ 辞
応 方 京 側 権 ク ス テ 重 通 の ン ャ ド や 育
だ ハ ン ド ル シ 結 チ む 通 愛 通 キ プ ひ 妊
ジ ネ ラ シ 安 ティ ニ ょ だ 愛 応 カ ポ テ ヒ 場
嶋 嶋 金 百 暫 室 れ 応 し カ 道 キ テ 所 投 ゆ
ぎ ま 多 ょ か わ く ス セ ツ セ カ 道 徳 画 出
に も か か わ っ ス で き ま す 道 徳 的 選 ゆ
ツ す る こ と が で き ま す で 方 京 多 的 レ 圧
あ り が と う ！ で 方 京 多 的 選 レ 辞

キャンプ	セカンド
バルーン	レイズ
営業時間	必要なもの
ジェネラシティ	の両端
ホッケー	カラス
ありがとう！	ハンドル
大丈夫	道徳的
ボクシング	することができます
レモネード	状況の
ポテト	にもかかわ

Puzzle 25

```
ア レ ン ジ ク バ 合 狙 大 解 ヌ コ 砂 無 フ
泥 室 社 せ リ ニ レ 圧 人 解 ャ ソ や 海 ィ
だ 圧 ホ 結 ー ヱ モ の エ ジ テ ー サ ジ ジ
ら サ ャ 読 ム ゃ 狙 エ 応 イ ま て ょ ま カ
け ヱ 弱 ぎ を 覧 べ チ 故 レ 乏 折 い い ル
の 育 教 弱 ニ て 私 バ 芸 ク 思 り た ひ 論
ハ 重 ハ ド ぐ 読 も ル ー と ラ た た た っ
イ ン サ む 意 ヱ 私 ー ン ひ ク み み き べ
ン 選 ド サ サ セ ス ン が と ス ド で み ま
ポ ク セ ル 辞 ツ に ガ ヒ っ リ 化 ミ カ ド
ー 解 室 チ を ヱ 見 ヒ チ 報 ジ 精 ン ン グ
ト ル ダ ア カ ハ 選 ぐ 乏 権 ョ 解 方 ジ や
京 れ じ ょ 何 ヌ た 然 海 ま 退 ひ 何 ョ ト
ホ 意 ゃ 開 暫 ろ 選 芸 せ ふ ひ 退 ト ブ る
```

折りたたみ
バルーンが
アレンジ
泥だらけの
教育の
フィジカル
大人の
ハンドルを
アダルト
サーティー

クリームを
リスク
クレイジー
インポート
に見えた
スイミング
だと思い
サクセス
バレンタイ
ジョブ

Puzzle 26

```
砂 通 退 本 っ 囚 妊 た で 妊 通 登 が 成 ス
ぐ ト ー 通 ノ に 病 か 院 の そ れ さ 長 ノ
ま 海 タ 化 ぽ こ 社 っ 側 多 て ぞ 母 し フ
ゅ 辞 ク ひ そ む 権 た プ 安 エ れ お し レ
意 ッ レ ぼ 囚 安 ク フ ラ サ 会 妊 サ た ー
ペ ィ バ タ 私 チ ラ イ ウ っ 砂 ニ 応 ぎ ク
ハ 覧 デ ヌ 狙 っ ふ 権 ド き ブ つ ラ 解 退
応 応 報 ぽ く ゃ 応 も 歩 ダ サ ど セ 応
摘 も チ く っ 開 化 阪 し カ の ま コ 解
ス 意 京 ヌ ひ 画 何 場 イ の さ ひ ぐ 精
モ 出 辞 チ ッ せ 通 ト ャ ト な ま ひ 社
て 投 る ェ 解 側 っ 化 リ ッ 簡 だ ぽ し
つ ツ チ イ 能 レ コ ー ド ケ 単 安 っ ェ
決 め る ス ぽ 開 ト 精 テ ポ な 多 画 場
```

レコード	ペック
な簡単な	成長しました
プラウド	病院の
ポケット	されて
たかった	そこに
決める	バタフライ
それぞれ	スノーフレーク
ディレクター	イカの
チェイス	お母さんが
トリート	のダブル

Puzzle 27

```
社 エ ク は ネ モ ネ ア ひ ク で 、 応 芸 カ
デ 京 ー む ト 進 無 ニ き し イ ぐ 登 チ レ
乏 ィ モ 室 ノ ソ を マ ム ダ ン ら 再 ニ ッ
妊 テ ス 示 試 を 明 確 委 会 テ チ ョ ょ ジ
ヌ ル ク カ み 能 れ ホ 員 す リ ェ コ 意 然
愛 ギ セ ひ れ た ホ 故 に 妊 ジ ン レ 社 囚
歩 狙 ク ふ 進 シ ョ れ 進 催 エ ト ー 重 私
コ 解 ぐ 然 ソ は ス ク さ ラ ン ド イ 嶋 化
ミ 暫 七 妊 、 会 ラ ン ぐ 辞 シ な 報 京 し
ュ ひ 面 せ 会 ド ト ケ 妊 だ ド 歩 乏 て 合
合 て 鳥 ぽ ド ひ を わ 画 ク ゅ 乏 向 論 嶋
登 結 を っ ひ 開 わ ラ を ひ 社 れ マ 私 て
レ ツ 解 ル 登 選 出 ス ト ざ 開 故 辞 ヱ て
ホ 安 し 登 選 出 ス 開 ざ 開 故 れ 辞 私
```

シーケンスは、
明確にする
開催された
カレッジ
トランク
アネモネは
チョコレート
ランダム
マイト
しわを

試みを
スモーク
アニマル
ギルティ
委員会
、インテリジェントな
七面鳥を
コミュ
ディスカッション
示された

Puzzle 28

砂	コ	合	金	ク	話	ふ	話	ま	登	名	海	覧	選	れ
場	ル	通	カ	化	場	応	っ	ア	登	誉	ヌ	意	単	ま
ハ	ー	フ	ン	ョ	シ	ー	ュ	リ	報	あ	ふ	所	純	べ
論	オ	ォ	ヒ	ト	ー	イ	エ	あ	報	る	ぽ	精	に	ー
ー	リ	タ	リ	意	す	重	報	ク	る	こ	ル	論	お	キ
ミ	の	ド	ー	ま	化	辞	化	進	れ	と	ま	ニ	じ	ン
！	百	乏	メ	し	ひ	社	社	狙	化	写	し	無	ヌ	グ
ろ	ひ	ぼ	ぎ	ノ	ス	精	ワ	ス	精	囚	愛	場	む	二
げ	私	勧	合	ラ	ク	ワ	イ	ふ	ワ	ラ	意	ド	ド	意
下	お	京	京	ッ	ひ	イ	ク	ん	イ	イ	ヱ	ン	会	ょ
を	や	ゃ	無	ラ	ひ	ヤ	れ	ラ	ヤ	チ	プ	タ	ー	を
頭	ん	ぽ	ヌ	レ	ク	ー	ォ	イ	ー	ャ	重	ス	多	ホ
歩	論	だ	論	ま	ゅ	ク	ュ	チ	フ	モ	チ	ベ	加	れ
べ	社	京	海	囚	ヒ	ォ	ビ	ャ	ォ	ー	阪	ス	乏	金

スタンド
ソリューション
単純に
ミリタリー
チャプターを
頭を下げろ！
ワイヤー
ハーフ
ビュー
ビーチ

ヤードの
フォーク
名誉あること
をお勧めします
ベーキング
エイト
エリア
クライ
ミリオン
ツノメドリ

Puzzle 29

れ	然	背	の	高	い	ポ	ッ	ト	せ	ぎ	結	ま	だ	れ
む	ヌ	辞	ぐ	ム	ー	ス	は	応	進	ぽ	話	モ	覧	精
権	妊	ん	弱	進	キ	れ	痛	い	ほ	ど	金	結	育	ト
だ	話	チ	セ	ヱ	ッ	能	力	ぎ	話	ぎ	阪	れ	金	選
私	会	ェ	ニ	能	ラ	ふ	せ	や	る	退	ソ	き	ん	ソ
で	暫	ー	歩	話	歩	ヌ	ヱ	き	ク	マ	の	お	エ	向
つ	無	ン	精	て	ょ	チ	で	お	ノ	身	自	分	自	ポ
フ	ハ	や	だ	る	ま	頼	ス	囚	ア	ば	動	ぼ	だ	イ
る	レ	グ	ヒ	暫	信	覧	解	コ	ピ	あ	車	っ	エ	ン
ノ	ト	ン	ラ	ん	辞	安	ス	嶋	お	ち	ド	ぎ	解	ティ
金	精	ニ	ド	カ	再	ス	せ	多	ど	ゃ	覧	退	カ	お
辞	阪	ブ	動	機	付	け	ひ	お	コ	ん	さ	あ	ば	本
ノ	論	イ	育	狙	サ	ょ	海	進	ン	む	や	む	通	ぽ
お	せ	何	方	て	ク	ア	イ	デ	ア	再	ょ	ぎ	ト	ぽ

痛いほど	ピアノ
アイデア	動機付け
ばあちゃん	フレンド
自動車	ポインティ
信頼できる	ポット
自分自身	ムースは
カラント	背の高い
おばあさん	ラッキー
イブニング	クマの
チェーン	スコア

Puzzle 30

も ニ テ む ン ト ッ コ 十 も 尋 ね ら れ る べ ！
ニ 合 む っ 出 た ン 砂 年 む 結 京 跳 べ ト ク パ ン
も 砂 べ ヌ い れ 砂 ボ を ニ 歩 べ お 会 安 ペ ン ス コ
本 ス 無 聞 加 優 ム ギ は せ モ の 登 ス シ リ ー
ド 金 ス パ イ ダ ー ラ ル ネ エ ハ ぼ と チ チ ー ズ
ま 百 れ ぽ む ァ フ レ 歩 コ ハ ぼ っ 海 く チ レ は 画 圧
ヌ 嶋 室 が サ き レ 退 ち 愛 摘 レ ズ 画
ス ゅ 準 備 で ッ 社 ぎ 精 え る 圧
ホ ト ク 出 投 二 妊 砂 芸 ニ 画
も 話 再 ー 能 再 多 本 を 与 向 歩
阪 る カ 多 意 し 影 響 え サ
ぼ ー だ き 民 間 伝 の ニ じ
ワ だ ト れ 民 間 伝 承 の 本 歩 画
や エ イ ー ガ ー ノ 本 リ 歩 サ じ 画

ちょっと　　　　　ちょっと失礼。
民間伝承の　　　ペンが
影響を与える　　トンボは
十年を　　　　　準備ができて
イーガー　　　　跳べ！
コットン　　　　優れた
のエネルギー　　尋ねられる
ファーム　　　　シリーズは
スパイダー　　　聞いた
ワーカー　　　　コンパクト

Puzzle 31

デ	ス	ク	む	ホ	ン	故	価	辞	ネ	ッ	ト	ワ	ー	ク
ろ	覧	化	お	つ	ョ	開	ヱ	値	ぎ	覧	ン	ぽ	リ	ぼ
維	持	し	ま	す	シ	覧	セ	摘	が	ル	テ	私	ブ	モ
然	セ	ト	重	ふ	ク	ェ	つ	き	ぽ	あ	加	向	ラ	ろ
だ	再	暫	暫	多	セ	ム	ー	リ	く	ス	る	ぎ	テ	ょ
チ	ぎ	登	ソ	ぼ	精	能	ド	ー	パ	オ	レ	ニ	結	
ト	重	ま	ざ	エ	た	の	実	用	的	な	ぼ	ス	意	
ぐ	ニ	で	応	カ	ち	ん	イ	ぐ	テ	重	ボ	ー	ト	む
サ	多	ソ	ニ	再	然	じ	ェ	登	重	結	ひ	き	ハ	ぐ
所	ホ	再	ょ	ひ	金	ウ	彼	ん	れ	故	写	巨	側	何
安	応	や	方	場	所	っ	ら	然	進	ス	ぎ	大	べ	多
ト	っ	せ	贈	り	物	を	は	然	精	エ	精	な	場	再
成	熟	し	た	す	る	場	開	退	せ	安	ニ	ヌ	登	圧
フ	ォ	ー	ム	無	重	妊	て	所	ょ	私	応	場	ス	

テニス	彼らは
デスク	巨大な
テント	スクリーム
ラブリー	ボート
成熟したする	維持します
実用的な	レオパード
セクション	たちの
贈り物を	ウェイ
フォーム	シェード
価値がある	ネットワーク

Puzzle 32

サ	ミ	ッ	ト	再	コ	ダ	ー	ク	近	く	で
シ	ャ	ー	プ	ナ	ー	ミ	フ	ァ	ク	タ	ー
狙	い	エ	ク	レ	ヨ	ン	ッ	サ	テ	れ	ひ
だ	な	摘	ひ	金	ぎ	じ	サ	ト	も	登	海
何	け	し	意	エ	暫	話	ト	メ	然	も	能
ま	情	で	ゴ	結	社	ん	側	ン	通	芸	方
る	す	属	ー	重	ぼ	狙	や	フ	場	応	ト
る	ル	ひ	ズ	故	退	ひ	ル	し	権	開	レ
せ	エ	ニ	権	暫	再	重	フ	金	モ	ヌ	ぎ
三	角	形	の	覧	私	京	ル	社	能	報	重
モ	ゅ	話	行	所	論	囚	エ	海	ろ	ス	結
摘	べ	じ	銀	出	場	ぼ	海	ス	出	ぐ	

Puzzle 33

つ	室	ト	読	パ	だ	化	あ	ボ	イ	ス	能	暫	ピ	場
じ	ノ	ス	ソ	ブ	百	リ	結	ま	だ	精	は	トー	コ
解	ア	ジ	ー	リ	フ	ア	ー	ト	り	し	点	ー	チ	応
本	ト	レ	プ	ッ	ロ	ド	ー	ノ	ス	に	焦	ビ	ヱ	や
は	ン	ョ	レ	ク	重	要	か	つ	な	カ	も	わ	げ	！
テ	ソ	お	出	ネ	嶋	所	ガ	イ	ド	ラ	ぐ	の	砂	ゅ
何	ん	所	所	ッ	育	セ	ょ	エ	通	イ	ゃ	ふ	画	乏
登	権	く	モ	投	弱	結	弱	ふ	れ	無	ふ	ぎ	多	ひ
乏	れ	能	辞	無	む	摘	リ	ょ	無	わ	ピ	ど	広	百
も	ニ	結	開	ぽ	再	側	開	ぎ	ふ	ふ	ン	レ	い
加	ド	セ	で	っ	エ	ソ	べ	登	ド	育	ク	歩	べ
や	ヌ	べ	む	モ	大	胆	な	ヒ	ニ	れ	読	チ	側	会
ヒ	だ	ゃ	ト	コ	何	進	で	ぎ	っ	育	ヱ	ヌ	て
っ	ド	化	登	ホ	で	方	む	覧	ニ	読	狙	写	金	エ

レジスト	の広い
スノードロップ	大胆な
フリージア	ボイス
あまりにも	焦点は
コートは	ガイドライン
ふわふわ	アート
ネック	急げ！
ビート	クレヨンは
ピンク	パブリック
ピーチ	重要かつな

Puzzle 34

```
ル 明 嶋 海 る だ 狙 再 所 有 者 魅 フ 本 向
ト 阪 ら い 嶋 ス 化 ょ 結 ヒ ノ カ レ ヌ や
チ ャ て か に 何 だ ゅ 加 故 し あ ン 愛 ひ
応 っ る ヒ セ 進 メ ガ ネ ヌ モ ふ ド リ ヱ
座 海 ぎ 百 じ す 能 妊 重 二 ド れ し 砂 権
コ っ 芸 応 サ 能 る の 個 々 し の 私 海 応
ん 応 ッ せ 合 サ レ や っ た よ 。 室 チ 所
登 れ ロ 合 本 ブ ロ ッ ク ェ 必 要 。 乏 す
フ ァ イ ン 加 ド 決 定 す る 結 ロ
ひ ハ パ べ ゅ 京 ジ 百 通 患 再 阪 ょ
エ リ チ 阪 会 テ ロ 何 リ ク ー カ
ハ ウ ス て 本 ひ エ 何 ッ ス や 者 ょ カ ル
精 ュ 進 私 会 く ま プ ろ 加 ヌ も さ ソ ん
嶋 キ 然 合 無 ホ だ む ツ 読 退 結 選
```

キュウリ
やったよ。
決定する
明らかにする
ハウス
ファイン
の個々の
フレンドリ
魅力あふれる
座っている

患者さん
レベルの
スリップ
メガネ
ローカル
プロジェク
パイロット
必要があります
所有者
ブロック

Puzzle 35

ヌ	側	た	い	焼	報	ニ	ひ	育	む	ム	べ	ろ	て	つ
何	ど	し	重	ハ	ろ	ホ	投	故	ア	加	く	以	百	育
退	正	ふ	加	話	加	砂	ホ	ィ	加	弱	来	妊	て
ざ	暫	ヌ	ぎ	き	る	何	デ	デ	ギ	テ	、	エ	じ
応	覧	ぼ	で	側	弱	ミ	ル	ボ	ィ	登	ギ	加	ぽ	写
ど	ぎ	っ	ま	金	応	や	ー	ァ	フ	ソ	ュ	ぽ	金	ん
ス	サ	な	ゅ	ヒ	圧	出	ゴ	向	ト	ュ	ニ	イ	ま
私	妙	重	ソ	海	嶋	ゃ	論	で	応	結	ぼ	非	ソ	論
奇	読	貴	解	ぐ	論	レ	安	辞	応	化	レ	常	ギ	レ
カ	リ	ラ	ッ	ク	ス	等	京	向	化	む	に	ン	ッ
き	多	ド	ー	ぼ	ひ	し	夜	応	婚	式	の	圧	チ	ス
乏	金	ツ	時	ょ	ニ	い	明	結	婚	ツ	む	安	ャ	ン
愛	愛	リ	停	ハ	権	砂	け	ニ	ぐ	や	精	ひ	ク	話
乏	し	ろ	止	成	功	し	た	ト	コ	む	圧	む	嶋	お

貴重な	ボディ
ソファー	イソギンチャク
夜明け	結婚式の
焼いた	一時停止
正しい	非常に
レッスン	等しい
奇妙な	ギュッ
リラックス	以来、
フィギュア	ゴール
ミディアム	成功した

Puzzle 36

従画テょお摘エやかんせ乏むぎし
業カ弱投エモだ応っべ乏論選ひぎ
員何選加合をヌ摘能モくヱ安狙無
や京ひクスシを誰がを所弱開結危
ざ乏意ぽヌネシ問ゃ登社ん登ト険
私きまニ写マネ題退芸側囚サいな
安カぼ精クギマが食べていないヱ
きー覧スイェギロップにお利摘ク
だドヌワシモャ再プ狙むエ便結乏
ひマ聞出ェトハ育レス応リ愛モ無
クッ無かシニト探育テどんりりル
ソプセ合きはどり画イ方チ何何も
エネルギーせヱま笑ていいとサ
デプレッションすエだ無本出

ギャロップに	シェイク
デプレッション	危険な
やかん	聞かせて
笑っていいとも	ワイン
プレートは	を誰がを
食べていない	問題が
カードマップ	従業員
便利な	シネマ
探ります	どんぐり
エネルギー	ステイ

Puzzle 37

登	チ	室	ヌ	じ	も	ト	愛	ム	チ	ス	火	パ	論
妊	で	読	ど	セ	か	辞	化	向	だ	ペ	曜	ー	進
賢	明	な	ひ	応	か	嶋	難	し	い	シ	日	ク	む
ク	乏	リ	報	じ	わ	ト	だ	ゅ	本	カ	力	は	読
で	ざ	暫	重	加	ら	ニ	妊	レ	囚	ジ	応	、	ン
少	年	の	間	期	ず	コ	育	む	ッ	ー	ゲ	何	大
意	合	百	む	読	読	辞	っ	へ	ト	シ	シ	歩	学
ミ	オ	ー	ナ	ー	ア	エ	ス	選	く	ラ	ハ	セ	は
京	ル	ワ	ー	ド	ロ	ー	プ	応	論	ジ	ッ	読	、
ま	重	ク	だ	意	読	ー	ン	退	に	ポ	方	権	圧
能	写	ょ	乏	会	精	ホ	気	向	応	な	解	安	無
ハ	ド	ゅ	む	ト	結	金	ふ	ひ	場	ノ	出	本	砂
論	側	場	応	れ	コ	ラ	ニ	場	愛	論	だ	妊	会
故	進	嶋	多	コ	ニ	歩	だ	し	き	覧	狙	育	ハ

オーナー	難しい
気になる方	ワードロー
スチーム	ミルク
ポジション	ミール
少年の	もかかわらず
スプーン	エアー
パークは、	大学は、
期間の	スペシャル
賢明な	火曜日
ヘッジ	ゲート

Puzzle 38

```
辞 退 狙 普 通 の 事 記 う ク 進 こ 金 ゅ 地
セ ゅ む 方 カ ベ ク 負 エ ジ 権 だ ぽ わ 元
ょ ベ 場 弱 ざ を ス 再 ラ 合 る 何 写 コ の
パ ト 社 然 百 任 歩 ふ つ じ 何 だ 選 ろ り
ー ネ マ レ 責 ル 私 愛 コ ま 暫 ソ 登 べ 室
ス 通 む ト 選 二 歩 写 ア ル だ ヌ 二 暫 二
ニ む て 側 場 テ ム っ り ぎ ャ 摘 応 ホ ぎ
ッ 育 海 ス 論 ヌ 海 ク ー ど テ き 陳 述 書
プ ッ カ グ 阪 投 ヒ ア が ぐ 出 権 嶋 嶋 工
ク 実 ウ マ ブ 宣 ル ホ た い 弱 妊 だ 進
コ 際 精 ェ 暫 言 登 ル べ べ 結 っ 京
む に り 画 砂 圧 阪 登 本 投 歩 嶋 っ
選 は 路 代 の じ に 後 権 場 ヱ ょ
辞 ひ 通 道 ニ 出 せ 再 論 再 阪 芸
```

の代わりに	実際には
ありがたいこと	ホーク
責任を負う	マネー
ウェーブ	陳述書
記事の	アヒル
こだわり	ルーム
道路は	クジラ
普通の	宣言に
パースニップ	マグカップ
地元の	、後に

Puzzle 39

注 ぎ ま す 無 も 嶋 ツ ポ レ キ ャ ッ ト 意
ぽ 話 ク ま 乏 百 ヒ だ 合 ズ 重 り や い 思
ひ ソ ゃ ざ 百 じ 砂 カ ン 開 る ざ ヒ エ 決
ヱ 面 レ ん せ 場 妊 メ ヱ 場 場 ひ ニ 加 定
話 白 登 会 コ ま お ヱ 出 然 テ と ヒ ふ ツ
ノ い ヌ 多 ヌ 再 私 故 不 犠 写 場 も か モ
ハ コ ウ ヱ イ 百 ド ゅ 適 牲 ざ 化 れ 誰 室
だ イ ェ イ バ ー ズ ぎ 切 ニ ぎ 者 芸 質 く
い ひ イ か ー ア 狙 ト 再 乏 ヌ の 摩 品 品
ス く つ 多 の モ 莫 だ 社 応 能 員 質 耗 る
無 ク 多 合 ア れ 大 カ レ セ 愛 業 摩 開 室
て ラ ん ェ モ 故 弱 ト 登 側 重 従 耗 が チ
ニ テ 向 砂 れ や 砂 ヱ 木 幸 運 な 砂 開 育
ぎ ト ド ゃ 故 会 狙 登 々 じ 阪 ま 歩 故 お
ヌ だ 何 れ 出 狙 ラ ク が じ 阪 ま 歩 故 お

ともかく	ヘアー
思いやり	ネイバーズ
意思決定	ハイウェイ
木々が	ポレキャット
莫大な	メンズ
幸運な	摩耗が
従業員の	誰かの
いくつかの	不適切
品質の	面白い
犠牲者の	注ぎます

Puzzle 40

写 レ ニ カ 再 で ム テ ス シ っ ま だ き ヌ
ひ 妊 チ ニ と つ 熱 ニ ノ 歌 ク 阪 ル の 加
論 ル ろ こ ふ 心 能 ー う こ 退 向 人 耳 登
所 の る せ 京 困 な 選 エ と ズ ボ ー は ヌ
何 じ 論 コ ヱ ヒ 場 ド 室 加 く ゃ ス 、 海
感 ぎ ヒ 百 れ 画 ヒ ロ エ 愛 ル ペ ウ 何 ぎ
ハ サ れ 選 ぎ 海 イ ッ エ 応 ト ス ェ サ ひ
科 精 ル ル 見 応 ラ プ 加 り ひ 乏 ー 待 ソ
学 じ ぎ せ 積 ギ エ に む っ イ 場 デ ク 能
者 れ ぎ 登 育 場 む 応 コ 何 タ 気 ン 投 無
は ス 出 阪 投 も り ふ ョ や だ を 無 コ ぎ
、 会 テ き 読 ひ ろ 何 シ シ ル 散 機 ふ 金
ざ 砂 芸 愛 も ろ っ だ 何 だ ー ら 登 何 合
読 っ ヒ 愛 も ハ 会 や シ だ ヨ す コ ふ 場

ズボン	感じること
の耳は、	待機を
科学者は、	スウェーデン人
スノードロップに	歌うこと
ツール	エラー
トップ	困らせるの
タイトル	クーペ
気を散らす	システム
見積もり	ヒイラギ
熱心な	ショー

Puzzle 41

ひ	レ	ス	開	加	お	ん	乏	ヱ	ぐ	辞	乏	プ	阪	ク
向	ざ	覧	意	応	ま	ニ	ョ	ジ	ー	バ	増	で	加	登
ょ	ニ	無	通	砂	で	多	る	ャ	を	だ	で	だ	を	ょ
再	ラ	ト	れ	嶋	ふ	歩	読	室	失	テ	は	ぎ	最	も
ト	社	ひ	だ	ま	ま	画	ニ	愛	う	摘	お	、	終	然
ス	サ	ぽ	テ	ク	ぼ	育	ぐ	靴	む	下	日	日	的	く
ゃ	考	や	向	ノ	む	ノ	サ	下	暫	お	今	ヌ	に	安
画	え	阪	む	産	化	む	囚	再	退	カ	出	だ	イ	っ
会	る	ノ	コ	生	ん	開	れ	報	加	ぽ	ぽ	ガ	報	タ
っ	じ	ひ	で	の	ぎ	ホ	ひ	暫	た	進	チ	ト	ト	レ
権	ろ	で	べ	選	ま	ク	ク	退	ぶ	方	ェ	ぎ	画	ニ
話	何	べ	フ	フ	ん	ス	ス	加	や	べ	合	然	ド	ソ
ニ	す	ま	し	ァ	許	報	ト	ぶ	べ	ん	っ	カ	シ	ぽ
、	は	降	下	ー	ひ	ツ	ヌ	れ	選	ー	シ	ル	へ	ふ

下降は、　　　　フォー
、すべての　　　の生産
テープ　　　　　ファースト
許します　　　　靴下は、
タイガー　　　　考える
今日は　　　　　たぶん
を失う　　　　　スカート
バター　　　　　ヘルシー
チェリー　　　　増加を
バージョン　　　最終的に

Puzzle 42

```
ヌ を ん ス ム ホ 妊 な か ビ 愛 ル っ ド 出
ろ グ ン ー レ プ 難 エ ど ッ 画 皮 膚 は キ
開 ン ュ ム 芸 困 芸 精 う チ 然 ヒ 弱 ル ュ
投 リ 芸 ぎ だ よ 低 意 か 海 温 エ だ ト ー
ボ 話 阪 よ 弱 プ 月 差 サ 再 度 進 解 ー ピ
チ ぎ だ ジ ャ ー ク 日 意 温 計 チ 進 ボ ッ
画 囚 ニ 愛 ヒ ク し エ 差 再 度 や ぼ 結 ド
ル ツ 登 ま 権 ャ ど ラ 再 計 コ コ だ 進 ト
退 書 ざ ふ 論 シ ぎ ヌ 嶋 ニ ぼ 解 読 暫 っ
む き 選 カ て ど 狙 て 海 コ や 進 る レ 多
育 込 側 て テ ぎ て 歩 ス ひ コ ん 本 ス ぎ
故 み 所 多 テ 狙 叫 ド ヱ 育 せ ベ ラ 開 場
ど は 会 っ 妊 叫 び ヌ 京 室 社 、 マ ウ の
つ 加 や 嶋 何 ク 精 安 能 海 社 テ ト ざ 私
```

ジャーク	温度計
、マウスの	ムース
日差し	月曜日
リングを	シャープ
叫びの	より低い
ボトルは	かどうか
プレーン	困難な
書き込みは	サイト
ビッグ	ボリューム
皮膚は	キューピッド

Puzzle 43

っ	乏	側	ろ	ク	ク	て	海	ト	ッ	サ	弱	能	っ	ろ
暫	コ	ソ	お	出	ぼ	む	ン	ダ	モ	摘	見	だ	方	で
ぎ	場	ア	側	ヌ	を	ラ	三	ト	所	ド	っ	ぽ	私	ホ
カ	つ	セ	ニ	事	プ	ト	角	何	本	ニ	か	選	出	出
嶋	能	ン	記	カ	ド	ラ	形	辞	読	写	っ	ま	る	砂
能	ひ	ブ	ゃ	タ	育	向	弱	辞	目	た	見	妊	覧
通	ひ	リ	私	ツ	屋	外	で	や	リ	ヱ	社	投	セ
ヌ	ス	意	砂	ム	画	本	報	は	ニ	関	コ	ト	ん
金	ト	応	加	リ	報	ク	選	ほ	ヱ	与	画	ド	何
生	姜	は	、	報	故	れ	ヒ	と	会	す	ト	阪	だ
一	囚	弱	報	多	精	場	本	て	ん	ル	る	発	ス
っ	般	ょ	本	多	サ	テ	故	ど	グ	圧	す	ぽ	ラ
ソ	ひ	的	お	ス	加	所	モ	ハ	ン	グ	方	囚	イ
ま	ぎ	ま	な	よ	り	良	い	ょ	ダ	弱	多	読	室	ド

一般的な	見た目
記事を	関与する
はほとんど	より良い
プラント	発生する
ハング	見つかった
屋外で	生姜は、
カタツムリ	サット
アセンブリ	コート
スライド	ダングル
モダン	三角形

Puzzle 44

摘 ひ 歩 通 新 ル っ 権 カ ゅ ろ 暖 イ 摘 育
場 狙 ス 辞 ー し 権 登 含 め る 炉 ン 登 サ
エ ょ 読 ュ 写 ハ い ヌ ざ 百 ね が シ シ チ
チ 向 ジ 恥 ず か し が り 屋 尋 私 ュ ニ む
乏 ケ だ 妊 助 け て ！ っ る ク 嶋 ア ア 方
ス せ 室 社 論 弱 ぐ 写 ゅ だ 加 含 安 論 阪
せ 重 社 社 お ど こ ぎ ん 無 歩 ま 場 つ っ
私 リ ニ て 金 カ シ エ ゅ ス テ れ レ ん テ
ペ イ ン ト ブ ラ 目 ク で ひ せ て ゃ 報 ょ
セ 砂 本 金 の 注 れ シ だ べ む い 再 登 読
ア ウ ト の る 故 ヌ か モ 開 ょ る 出 だ チ
サ ポ ー ト し て 応 リ 狙 会 こ キ は 出 の
ぎ だ ツ ッ 弱 セ 意 通 無 ぎ れ ャ リ 席 読
ツ 百 意 セ ベ 意 ノ ぐ 百 ハ だ 登 ふ だ チ

スケジュール   これは
キャリー   尋ねる
含める   アウト
エクステ   新しい
含まれている   恥ずかしがり屋
サポートして   セットの
出席の   ペイントブラシ
インタビュ   暖炉が
助けて！   どこかで
の注目   シニア

Puzzle 45

リ対ホドエ多登再ひせだ報ヘ妊ト
百多象ダジジ然スーロフリコ妊本
ながらニろぎよ室安ジんリプ従りゅ
登まとィな然うテのそデ摘セタいゅ
き芸ニィ狙るよやくィ精ンーな百
中も然テニまテ笑金くお！マさセ
リリょパアをいアいチ！応トいン
っ止フロフだ阪ナ来ス嶋解きニス
私愛をプェ室妊グの圧応は、阪よ
進再無にチょ室マ野解は、側囚れ
故じノェムどホ摘荒歩重出だニる
ルト再コーま写れこ退画囚ひ狙だ
砂む応きアだせだれ加出場応通む
合ハトエニ投私だ加囚応狙通

そのような
笑いの
センス
プロパティ
アームチェア
ダイジェスト
ヘリコプターに
フロアを
フロート
従いなさい

アナグマ
安全に
対象となる
中止をに
これは、
ながら
マッチの
荒野の
デイジー
来い！

Puzzle 46

ざ	望	パ	故	多	ブ	ラ	ク	ス	ー	コ	の	か	っ	意
京	乏	ん	ー	化	ヌ	社	ト	進	レ	し	わ	開	故	嶋
む	ひ	選	で	ク	選	囚	ッ	選	安	所	い	加	だ	故
重	セ	重	レ	い	合	ス	キ	選	ヌ	会	い	ざ	歩	だ
ヌ	画	画	ツ	し	阪	ド	ン	ポ	ま	お	ざ	場	ひ	歩
場	コ	エ	重	る	お	ン	グ	バ	お	ぼ	ぼ	っ	や	ひ
画	サ	セ	貧	む	故	に	ッ	ベ	ぎ	う	嶋	登	や
れ	権	ル	望	遠	鏡	ロ	っ	ン	し	投	マ	登	登
結	ノ	投	結	ゅ	ア	ー	ス	ト	つ	っ	イ	モ
育	っ	ヒ	百	出	権	ド	ア	を	ナ	側
ノ	応	再	ハ	海	無	ノ	ッ	ク	故	覧	ー	れ
画	ん	ぎ	危	ヒ	意	話	ス	コ	だ	を	ど
ホ	投	場	登	ま	ド	加	コ	ょ	出	べ
ッ	プ	進	金	に	れ	加	レ	だ	開	れ
プ	進	金	は	時	進	エ	ト	出	私	ど
探	検	隊	応	覧	承	認	す	る	も	意	覧	私

貧しい	望んでいる
承認する	ホップ
アローン	ポンド
かわいい	望遠鏡に
ドアを	スクラブ
危機は	のコース
ノック	ストッキング
探検隊	ココア
バッグ	時には
パーク	マイナーを

Puzzle 47

進 ニ ゅ 芸 然 選 イ の 嶋 て や 登 ふ 報 報
モ 摘 ぼ ク ル エ ー 反 非 表 示 の 見 え る
レ ょ き ょ 進 ネ ボ 対 弱 ノ チ 解 私 む
覧 百 ジ ソ 開 ミ ウ が ふ 然 れ 金 嶋 ひ ゃ
こ ツ ャ 報 私 ー カ ィ 解 場 愛 阪 ツ ハ ラ
と 暫 ー ぎ 退 信 べ 京 ン ル 圧 再 だ る ン
が ハ ニ 歩 セ 芸 頼 カ ヒ ド ざ ヱ す す ド
で 増 ー サ 権 め た の ン ウ 値 ゃ ラ リ
き や だ ぽ 応 百 何 開 そ コ 然 側 読 イ イ
だ す 能 育 ぐ 場 二 能 室 金 圧 ソ ラ ー
コ 砂 っ 向 摘 ラ ざ ヒ ル プ ッ ナ イ ワ
弱 く 投 れ 選 ト ぎ ざ ラ や 解 ひ ヒ パ
乏 精 つ 安 阪 登 ド 欲 し い モ ス キ ー ト
狙 再 ツ せ だ で つ 化 進 通 私 圧 精 む ソ

コンドル	パイナップル
見える	の反対が
パワー	エルク
エネミー	ランドリー
欲しい	ジャーニー
カウボーイ	値する
モスキート	イライラする
信頼の	ウィンドウ
ことができ	非表示の
増やす	そのため

Puzzle 48

```
ド っ 能 百 ク 砂 ヌ ア ョ シ 安 ト 能 悲 も
安 合 ぎ 意 れ 側 サ 所 海 平 の な 利 し ホ
愛 ざ 精 き 言 わ た 解 む 有 な 然 精 こ ル
無 囚 場 じ ぎ れ っ 出 チ ス く 会 投 と 故
出 ホ 海 れ 再 っ 辞 き 論 ょ ヌ 加 社 意 モ
チ ぎ 乏 ヌ 弱 き 出 ノ む ワ 圧 多 お ざ ス
暫 開 ぶ や ひ ま き ど 男 ー マ お や ん シ
論 や 阪 ら ニ ノ ノ ぐ 性 サ イ 出 室 日 ル
き 金 結 ざ 下 ぎ ど の ホ ム ナ だ ゃ 時 バ
エ ミ ル ャ 嶋 チ 意 ホ を ル ッ ち ラ 計 ー
妊 覧 ひ カ 弱 が る っ 再 ッ ー ら 弱 ト チ
デ ン ジ ャ ラ 意 す り 度 ク い 結 計 の
チ 報 だ ャ ス て 述 再 借 ポ じ ケ ッ ト
コ 開 嶋 ゃ む 育 記 だ お ぽ 暫 ひ 弱 写
意 開 嶋 ゃ む っ 記 だ お 結 ぽ 暫 ひ 弱 写
```

ポケットの	ルック
悲しいこと	デンジャラス
記述する	ワーム
おじいちゃん	エミール
平野の	借りる
日時計	男性の
マイナー	ぶら下がる
を再度	有利な
シルバー	ショア
言われた	シャイ

Puzzle 49

ニ む 私 チ ど ぎ 場 ク ノ ヌ ヱ 泥 精 囚 全
何 っ ひ ャ っ チ ト ャ ぼ ア だ 海 ま 体 で
ま 画 京 何 む イ 退 や チ イ ら 乏 ぼ 意 再
き ホ 場 嶋 ぼ 選 で ク イ ラ け や る 開 カ
っ 暫 結 金 決 安 加 イ パ ン 再 乏 重 ひ ヌ
ぎ お 京 イ し 登 レ ド メ も 京 ハ む よ 社
進 ヌ 権 ン て 登 イ ラ 結 愛 通 む ソ こ ホ
圧 摘 で チ ワ ゼ ラ ン ナ 沢 阪 ひ ぽ 暫 き
ん 金 所 の ー 退 ヴ カ 贅 場 向 ぽ 精 弱 ハ
モ く 側 ン ニ カ ン ド ど わ た 精 意 精 ノ
れ 化 狙 バ 金 ド や ロ 失 れ じ ア 然 テ ラ
写 だ だ リ 自 通 圧 無 暫 私 化 ー ミ イ ざ
覧 コ ソ ニ 然 て 方 ヒ ー ミ 意 テ 登 然 精
ソ ッ ク ス の ル モ ド 妊 会 は 然 精

インパクト
インチの
テーゼ
ナイフ
決して
ネイティブ
ワードローブは
チャイルド
バンの
全体で

アーミー
失われた
メイク
自然の
贅沢な
ソックス
レイヴン
アイランド
泥だらけ
ひよこ

Puzzle 50

```
お 詫 び げ 論 無 っ ク く ド 報 覧 テ 海 看
し 化 上 重 ル ド ー レ ク 写 何 ぼ 摘 応 護
ヌ 仕 意 っ ド 多 ぎ ス イ 阪 開 サ ざ 通 師
リ 摘 ぽ 中 方 能 ニ ん ョ レ プ 本 解 ざ リ
圧 ろ の ガ ス ト ん ト テ プ テ 説 在 の 進
バ レ ン タ イ ン 精 ハ ィ ラ ポ ラ ら ふ 育
化 ニ セ ヌ 社 ょ コ も レ 退 ラ ポ ぐ 囚 本
リ 摘 ぽ ゴ ゴ ぐ も デ ジ ー ボ ト ル ぼ 社
ポ 出 む 囚 ブ 方 最 の オ ツ 嶋 ス 多 を ょ
ー 何 論 ポ リ 権 ぎ エ ッ 阪 リ 多 乏 し 応
タ エ 所 ジ ン 出 場 ょ チ 金 嶋 二 二 合 会
ブ 権 重 テ の 報 カ 何 金 ニ ボ 一 ボ で 側
ル 乏 選 ィ 報 カ 会 多 し レ イ ン ー 一 金
方 ろ ラ ブ 選 カ 会 多 ヒ 再 応 ょ き 室 ぎ
```

の解説は、	最後の
バレンタイン	の中で
ボトルを	仕上げ
看護師	クレードル
ポータブル	ラジオ
現在の	リスト
お詫び	ガスト
ゴブリンの	レインボー
ディスプレイス	ポジティブ
スポーツ	クレス

Puzzle 51

演京ヌ話ふルんゅひニカ画カップ
お技妊ろ歩選芸トンメトーテスひル
ドクはに式正だルルマーサ安しル
報だをじ化トやー話社ゲヱ開室介
ベょンぼめっノォルドロゼ暫紹レ
ざ嶋ー金つ！然フソリゼ書ごテタ
出話ルふま事ょド卒業証暫合ス
ぎ芸バジ火化開重ホぎエリ化
アクセベニっで登しヌ加ス
う登ヒっ然が登おテ芸レ登ょ
コさや方加物語のエ側選砂ハ
歩応ぎく場版画妊ひ場学生の加
嶋くど囚出ぎルむど画進社愛ひ
で写記念日進無し狙ヒひ故退弱

サーマル	火事！
バルーンを	演技はじめ！
ゼロゲート	出版物が
うさぎ	フォールト
バッジ	正式には
アクセス	レタス
記念日	カップ
ステートメント	卒業証書
物語の	ご紹介
学生の	ドロップ

Puzzle 52

見 ぎ 多 ハ と 言 う の ゅん 選 何 テ サ 場 は
つ 出 エ ム ク 結 ん 論 覧 シ キ リ ン や ス 画 報 登 ト む 多 京 話 だ 場 ニ
め ニ コ ス ま 食 べ 写 ア セ 京 続 ュ 所 フ リ ー ト 投 く 写 ノ ぎ モ
る 合 む タ た ヌ く 画 タ ヱ 楽 し キ セ チ き
出 会 い ー 、 合 一 内 芸 ル を か 場 暫 ニ ぎ ソ レ
阪 れ ニ 向 話 意 カ 囚 部 レ も か 選 ニ ソ レ ニ
重 写 チ 重 ぽ ー ド 摘 超 セ し し 金 写 ド
ぼ チ て 嶋 マ ト た え ひ び っ 歩 写 通 サ
セ 京 ぽ 向 き 再 ロ カ 向 サ く 割 故 レ
写 ニ 金 お 室 安 ぼ レ サ だ り ハ 室 サ ニ
投 所 退 金 妊 論 場 セ も く 当 割 育
ツ 読 ん で カ 登 ニ ひ し 応 化
重 辞 も ノ ル 私 コ 向 サ 応
能 ニ コ ぎ 登 ひ 応 サ 応

楽しい　　　　　　見つめる
また、　　　　　　マーカー
ハムスター　　　　読んで
割り当て　　　　　トロピカル
キリンは　　　　　セキュリテ
と言うの　　　　　シアター
かかし　　　　　　内部を
フリー　　　　　　びっくり
を超えた　　　　　続けます
出会い　　　　　　食べる

Puzzle 53

悲 し い 。 本 む 退 場 て ひ の ー シ ク タ
サ 進 せ 選 や ん ん ス き 場 代 嶋 向 加 ク
圧 チ サ ぎ 室 っ 阪 京 エ 故 古 狙 覧 嶋 覧
論 ぐ ド レ ひ だ 権 ヒ ぎ 投 積 ぎ 小 画 能
ト 辞 ル 歩 き ょ ト 精 最 大 の 極 的 化 ホ
ク イ ッ 京 所 ぎ も 進 し 会 暫 解 学 解
シ ャ ウ ト つ き ま す ワ 社 べ ぎ 京 館
ノ ヌ 合 能 合 辞 登 セ ン の ニ 愛 ぐ 会
無 よ り 多 の 化 ソ こ ダ 室 ヒ む ひ 飛
ょ ボ 孤 ク 登 ぎ 砂 れ ー 投 乏 ソ 金 行
話 ー 立 ひ 再 報 お ら パ ヒ 無 近 、 機
会 ド し 側 百 ひ 権 ど ッ 場 最 し 芸 の
再 選 た ざ ル 圧 ゃ リ 狙 狙 暫 ぐ リ
ノ ー ト ふ れ 歩 ぎ ニ ぼ フ 狙 暫 ぐ ヌ 故

孤立した	積極的な
クイック	ボード
悲しい。	シャウト
小学館	最大の
最近、	古代の
ノート	つつきます
工場の	会社の
ワンダー	タクシーの
これら	フリッパー
より多くの	飛行機の

Puzzle 54

```
弱 段 応 セ 私 登 ト 愛 撮 ひ 繰 ス 結 私 故
報 落 故 ニ 方 マ ふ 影 ！ り 通 の そ ポ 育
側 が れ 開 通 エ せ し ま 返 狙 ょ 輝 ス 報
む や き む ス ク れ た 政 し か 妊 画 ト 進
ス 京 る レ 精 リ 連 邦 ル 府 の チ で マ 言
権 ベ プ き 神 摘 ク 社 テ 出 リ で の ン っ
調 ン だ 阪 的 シ だ だ ク く ス の 意 狙 て
イ し ヒ ス な ョ 選 ホ カ レ ド 意 だ ル い
百 て 京 ど ソ シ プ 再 ア ぐ ま だ ま っ ま
ま 本 リ 開 シ ョ ト カ ト 意 ル っ 私 す
嶋 京 画 ぽ ッ ト ー 方 ヌ ス く お 論 ホ 本
コ せ や 安 社 エ ソ 京 百 ノ ベ サ 画 通 阪
本 愛 暫 セ フ 京 京 所 コ く 登 阪 側 化 ぎ
ニ ベ ニ リ 進 弱 摘 ク 京 む べ 登
```

リクエスト　　　　　ポストマン
フィッシュ　　　　　カクテル
クレスの　　　　　　段落が
トマト　　　　　　　その通り！
インプレス　　　　　撮影した
ドラム　　　　　　　プッシュ
繰り返し　　　　　　精神的な
ストアート　　　　　ショット
連邦政府の　　　　　輝かしい
言っています　　　　調べる

Puzzle 55

登	合	き	投	ー	タ	マ	論	海	や	歩	疲	リ	愛	ふ
圧	ド	イ	サ	イ	選	じ	騎	る	に	れ	ま	解	し
妊	写	ィ	暫	つ	応	方	弱	士	海	べ	た	ん	通	通
リ	フ	ヒ	向	ど	ち	ら	も	は	コ	て	ぎ	ゃ	ヌ	安
オ	リ	選	ひ	通	ラ	も	ょ	進	レ	る	だ	論	乏	圧
っ	権	む	ド	ニ	っ	で	覧	ヌ	れ	す	歩	栄	養	素
リ	百	側	開	応	写	だ	社	た	視	金	覧	能	方
場	ぎ	話	ゅ	い	し	激	保	応	論	無	議	ょ	多	投
発	百	っ	場	ぶ	何	ニ	セ	ニ	百	る	論	応	セ	側
達	方	声	っ	グ	本	乏	ラ	再	チ	す	の	新	鮮	な
を	話	り	セ	ン	タ	ー	パ	ー	ペ	視	マ	ド	側	お
登	塗	な	金	ニ	無	弱	然	れ	話	無	ッ	ツ	金	嶋
し	ま	う	方	ー	側	応	芸	レ	ニ	話	ド	金	せ	ホ
故	ひ	お	京	モ	ひ	室	チ	向	せ	テ	多	無	加	れ

まれに	マッド
無視する無視する	マター
どちらも	激しい
騎士は	うなり声
保たれる	インサイド
モーニング	センター
塗りつぶし	新鮮な
発達を	オフィサー
議論の	疲れた
栄養素	ペーパー

Puzzle 56

```
ウィッシュニスニ解しセジカ京入
弱通精サ話暫ブラウンは、ッだりロブ
ょんクザ摘選トん囚辞そ金ハケ開摘嶋ま
っハ登明忘ぼ投ゅ話ツビー安っまフ
達した応応暫摘ソクてルタキ安まフ
エクスプレニ妊っタボッむモっまハ
主愛の術技ぽ圧トホカソトベっラフ
場要たせっカおし選ズーワひ狙ハ
通無な能有進ひ室カてポレテ私側通
登合あ弱ヱるトゅル報ニ論側ラっ
化ハくもむ場写囚向で報ぐ故場ラっ
辞ろ所選ひし阪室チ安報ニ論私場ヌ
ラ応投二圧ゅぽク嶋所ス何も能ヌ
```

エクスプレ	レポート
技術の	ウィッシュ
ホタル	入り口
主要な	ハビタット
ボルツ	達した
あなたの	ブリッジ
フラワーズ	忘れる
ブラウンは、	カップケーキ
有能な	ます説明し
そして	サザン

Puzzle 57

オス何ヱスジしせ金投進画む私ヌ
ズーリシンでお圧精何退方開出ゅ育
何ルトェブエノゃル応サぎ投いた
レゥチバセンエもコ再乏泣方なあ
イト心結イドン通写投ぎ社い安っ
ジ場配ぽ読再ドト買精ど社方安サ
ー加し側静ウノっル応遅ぎ砂
加コ意て加れ豆精てな応安料阪進
可ホじ弱にれっ因べ話に狙
ホじ摘性まコ何セむ故摘だツ然化ハニ
会し芸ホド弱ま太陽の光スネークホし登
安然投クろ何大型トラックむ場し登

太陽の光   遅くなって
塗料に   可能性ます
スネーク   エンドウ豆を
あなた   オートバイ
大型トラック   シリーズ
買って   エンド
心配している   泣いた
セブンス   レイジー
チェンジ   トゥルース
ブック   静かに！

Puzzle 58

室	主	サ	ー	ド	き	安	る	ク	海	ぽ	開	進	ヒ	に
レ	張	話	ぼ	モ	チ	ベ	ー	シ	ョ	ン	は	モ	ら	辞
や	す	ケ	ワ	ゃ	せ	安	リ	ゅ	京	ヌ	弱	さ	ヒ	加
安	る	ア	イ	ろ	ど	進	ゼ	砂	も	再	リ	通	エ	っ
例	あ	レ	ル	う	ま	く	い	く	プ	ー	ケ	可	カ	能
外	任	ス	ド	レ	コ	ー	ド	の	ィ	再	用	二	ニ	ク
例	責	も	れ	確	報	金	テ	ぐ	出	解	ラ	の	再	退
外	べ	方	側	立	ど	を	ー	で	っ	然	で	学	ろ	海
会	通	じ	通	辞	す	パ	動	る	読	ソ	も	校	つ	退
メ	カ	二	ッ	ク	る	感	覧	通	登	れ	百	を	を	気
結	ゅ	せ	場	進	チ	向	砂	多	ハ	育	私	し	投	二
つ	い	に	！	く	安	ふ	き	辞	セ	て	ろ	狙	ク	ど
も	登	無	暫	ヒ	ク	摘	ヒ	ス	ホ	ひ	け	投	側	ど
故	二	暫	投	ぽ	多	側	愛	砂	投	妊	ど	ク	側	ど

ゼリー	エスケープ
主張する	うまくいく
確立する	の学校をし
パーティー	例外例外
ワイルド	レコードの
ついに！	感動を
メカニック	ケアレス
気をつけて	責任ある
さらに	再利用可能
モチベーションは	サード

Puzzle 59

芸 辞 ク ト ィ ゥ ウ ス ベ コ ひ セ 無 読 場
セ む 出 タ ス ウ ラ ブ ー ダ ー リ ぽ ど む
意 圧 プ リ 外 観 の 画 シ 本 ヌ せ 愛 金 だ
開 ャ イ ロ サ 乏 ま プ ッ リ ー ュ 曜 れ
チ ア 画 セ 愛 る 圧 ソ ク パ ソ コ ン 日 通
カ ょ 向 リ ッ チ ぼ 精 弱 応 何 高 ラ 登 歩
ニ ろ ょ じ て 出 ゅ ょ 退 読 投 価 っ モ 多
洗 濯 物 ル 囚 サ ベ 読 じ 愛 チ な 応 囚 ラ
成 し 遂 げ る 再 ル 話 囚 ょ ひ ゃ も 何 で
選 シ コ ロ モ ウ ト に 関 す る だ レ 精 る
ざ ど 京 サ 妊 安 権 だ 論 ニ っ 報 開 安
ヒ 結 ニ 弱 ニ 嶋 所 っ 化 ひ で 育 カ ジ
ざ 写 室 カ む ん き ざ ソ 安 セ 選 乏 ヌ せ
ヌ 海 砂 暫 ぐ 育 チ 社 ざ 精 ゃ リ だ ヌ 応

セロリ	チャプター
高価な	チューリップ
に関する	成し遂げる
アイリス	リッチ
金曜日	ベーシック
リーダー	ランチ
外観の	トウモロコシ
チャレンジ	パソコン
ベルト	ブラウス
洗濯物	スウィート

Puzzle 60

コ カ ャ セ 砂 結 辞 セ は ン ョ シ ク レ コ
ン シ 方 を 京 何 欲 で ノ 写 エ も ラ ク む
テ ッ 登 ト 歩 摘 求 ホ ー ル ド 画 イ ガ 妊
ス ク 所 ン ま の 女 ー 社 安 ャ シ チ ツ ョ
ト ス フ ウ ニ ツ ド ル 精 辞 ラ 解 ス ン ウ
意 カ ァ カ 論 る 応 で 犯 ネ じ ク ャ ャ く
妊 き イ ア ひ す 圧 犯 罪 っ ガ 登 ン チ 金
も 方 ヤ き を 出 に 罪 は ツ も テ チ ャ 金
や 社 ー お 息 お 登 は 場 サ ヌ 再 や 故
選 向 マ 菓 開 ハ 進 進 れ ち か ィ ブ ウ
場 ぎ ン 子 安 辞 ク ど ツ ら ひ タ ン ト
べ 本 ニ を 報 も ヒ 読 サ 砂 テ ウ 育
ニ 歩 つ 画 然 ぎ モ 読 芸 む 読 ン 阪
解 故 カ ょ ャ ヌ 砂 開 登 ツ 化 テ ま
　 　 　 　 　 　 　 　 　 　 　 ト

犯罪は
どちらか
アカウントを
ガチョウ
シックス
チャンス
ホールド
息をする
組み立て
クライシス

彼女の
タウント
コレクションは
すぐに
お菓子を
欲求が
カニの
ファイヤーマン
コンテスト
ネガティブ

Puzzle 61

加 開 応 重 意 ょ 砂 ま 投 コ ド こ 開 っ 室 囚 つ は シ ョ ッ ク
て ひ せ 開 画 合 ぼ 摘 ひ ン 京 れ 罰 ょ 金 モ 進 然 は ッ ク 辞
ふ ょ 能 ノ 社 る ま 安 金 ビ ニ ま エ 金 モ は 然 る る ヌ
社 能 る ゅ む ト 無 お ニ 解 で ぐ 屋 は く く だ む 権
快 海 教 師 の 見 ら れ る ー ょ 砂 エ ひ 室 だ っ ヌ 乏
ス 適 解 報 査 や 水 泳 を ショ の 部 応 や だ ど む
イ 開 な シ 検 嶋 再 側 れ ン 結 圧 私 も 室 ひ 権
ー ぎ 応 ン ソ ト ん 所 カ だ 結 応 で だ ど
ツ 応 で グ 写 ハ ク ヌ セ ろ 多 私 会 重 っ 退
ミ や 故 ル 向 砂 る 意 暫 王 む は 方 故 乏
ベ ス ハ イ 世 界 は ヌ 子 は 歩 会 重 阪
室 ス テ マ ほ こ の 多 い ホ で 方 故
論 や 再 リ 芸 っ 覧 報 愛 結 ブ 阪 退
ん ド や ズ ー タ ス イ エ ロ ー ル 乏

ミステリー　　　　　　ほこりの多い
コンビネーション　　　世界は
教師の　　　　　　　　マイル
スターズ　　　　　　　スイーツ
ダブル　　　　　　　　水泳を
イエロー　　　　　　　ショック
の部屋は　　　　　　　快適な
罰金は　　　　　　　　シングル
検査の　　　　　　　　これまで
見られる　　　　　　　王子は

Puzzle 62

ス	写	ク	リ	れ	ル	無	フ	再	ク	る	ま	ラ	て	ヌ
ト	ー	マ	ス	雪	だ	る	ま	リ	す	リ	精	ク	ズ	る
リ	セ	パ	解	ニ	話	然	ま	有	ー	ス	ン	ダ	イ	ウ
ー	ロ	ス	や	し	社	所	所	ツ	ャ	ダ	ツ	芸	サ	ブ
ム	レ	ス	ト	ラ	ン	お	祝	い	ジ	ゅ	ム	登	弱	ラ
ぐ	べ	エ	圧	重	暫	何	ラ	登	ル	ア	イ	ラ	ト	ザ
ツ	ぽ	れ	会	妊	ん	弱	重	暫	ソ	選	京	ニ	ツ	ー
っ	応	セ	弱	再	む	っ	多	登	覧	弱	ス	れ	れ	方
く	じ	画	ラ	ゅ	ト	捧	げ	る	サ	ラ	無	再	カ	社
ょ	ぽ	安	側	く	サ	向	ま	り	や	弱	コ	進	や	や
っ	辞	場	弱	精	海	ニ	通	然	ニ	お	オ	ま	カ	合
っ	む	カ	ヱ	多	セ	砂	開	室	狙	ラ	ー	お	リ	ぐ
ざ	私	日	曜	日	降	り	て	下	さ	い	バ	応	て	化
や	で	囚	ホ	合	妊	報	話	ひ	写	ト	ー	く	摘	ド

スロー	降りて下さい
オーバー	ストリーム
ダンス	所有する
フリーダム	スマート
お祝い	ラクダ
捧げる	ウズラ
トライアル	ブラザー
レストラン	ソルジャー
パセリ	サイズ
日曜日	雪だるま

Puzzle 63

持能リ選圧ク阪多ハ巻き込む辞た
っ安安結や方ぎク摘弱意ハ何し安フ
て本ト通ニ京て側きん側退ま安レェ
いひ圧るニれし側もだ実し実レニル
たに妊百残弱ト望ヌ証レし狙
しく何写ナシ弱発登す再百
らニひ投ソ向発しぺっちる有豆然
た圧おげシ百精せん有実ニ
も興クるスヴ方明しチ会暫話ブ
登味京摘ドすスひ阪場見安たウド無摘
囚を二社ドすひチ会弱多ンレ暫育退
二登ニベハ暫退イチト育読ひモ
何画べょ暫退イチトじハ覧ひモ退で

Puzzle 64

ま	何	じ	ど	能	テ	本	ゃ	壊	ニ	ヌ	や	ま	き	ぎ
説	明	説	明	し	ニ	狙	方	れ	弱	然	る	す	対	に
閉	じ	込	め	る	の	常	通	ま	室	ス	す	本	証	ヌ
ト	狙	投	権	だ	化	然	レ	す	す	っ	グ	落	で	セ
サ	加	な	る	部	門	を	ス	ぎ	暫	本	ラ	ち	つ	保
故	礼	す	す	ノ	無	ベ	ポ	登	覧	ん	ム	着	サ	応
失	約	コ	罰	選	ぐ	報	ン	通	棚	の	芸	い	ゅ	ヌ
要	ぼ	リ	ま	ざ	だ	だ	ス	本	弱	ニ	フ	て	方	で
多	愛	応	辞	育	読	シ	ホ	行	し	囚	ォ	所	育	テ
だ	退	ひ	は	阪	テ	ャ	っ	し	も	画	ロ	乏	ま	ま
再	登	場	ク	イ	レ	ド	く	結	ゅ	選	ー	ぎ	ま	ヌ
ひ	く	む	ッ	社	意	ウ	た	ん	ニ	ニ	ど	報	応	で
ス	タ	ー	バ	解	っ	読	砂	ふ	社	砂	読	化	サ	モ
ホ	京	き	ん	多	ド	ク	応	狙	ノ	読	き	て	サ	本

本棚の   要約する
部門を   保証する
バックは   失礼な
罰する   行った
説明説明し   に対する
フォロー   壊れます
閉じ込めるの   落ち着いて
レスポンス   やるグラム
通常の   スター
シャドウ   ドレイク

Puzzle 65

```
テ で ト 応 ハ ょ ル ー イ ホ 異 な る 嶋 ニ
ミ 登 っ 狙 ク デ ガ 写 ホ 重 テ ヌ ツ ひ ッ
ッ 歩 加 育 モ ポ ー ゃ で ひ 合 歩 エ ル ル
シ つ ざ 応 き リ リ ょ じ 弱 ど チ ン 解 や バ
ョ 社 意 百 進 ー ひ 応 ら す り シ 退 べ ク
ン 能 ラ し 退 ス 大 く な 者 当 ニ ド 能 室
チ 愛 ン 百 プ マ きゅ が 事 ヱ 精 退 弱 室 何
ヌ 本 側 ひ ン ふ つ ぽ に 場 ま ヱ ん む
金 画 モ ト ぐ で アほ か 方 故 も ょ ト ゃ
る 化 圧 リ ッ 然 ー 有 用 な 権 再 ノ 砂 辞
、 コ レ ッ リ 百 ぐ 安 ホ 愛 狙 意 ひ 水 日
以 だ ベ ィ フ 異 種 混 合 サ 多 育 ぽ 覧 室 摘
前 弱 何 ょ 写 登 乏 所 金 精 権 ん 曜
の 再 ライ ス 然 ま ぼ ん 摘
```

Puzzle 66

会 社 は 化 べ 登 室 登 ル テ ー モ ぎ 画 信
怖 再 向 ク ェ チ タ ア ド ラ ゴ ン の 像 じ
が 登 進 故 場 ン 弱 ュ デ ザ イ ン の の る
っ ト 覧 何 レ リ ふ ニ 出 ド 暫 ナ ま め グ
て く 覧 圧 な キ ど マ 結 の 場 開 ぼ ま 側
画 ヌ 権 ル 福 精 ハ タ ネ ズ ミ ス 妊 話 歩
ト 社 フ 重 裕 ぎ ょ 歩 ツ だ ホ む 出 出 ょ
ッ ラ 育 精 も ょ べ ラ 合 横 切 ぼ 歩 ニ や
カ 所 ひ 重 然 私 ぽ ヒ 砂 器 っ 読 待 多 海
ひ 金 モ 辞 最 摘 ヒ 飯 場 場 て 権 金 室
覧 ヱ ろ だ べ 所 ヒ サ ！ 暫 化 レ だ 投
解 登 ょ サ ろ ド ゃ 炊 し 暫 コ ト 砂 て
ス 解 カ 化 エ じ ぐ じ ク 画 ょ 金 れ 圧
狙 開 選 べ 嶋 ソ ル 解 歩 ヒ 金 れ 砂

画像の	ハタネズミの
待って！	ドラゴン
デザイン	カット
チェック	会社は
炊飯器	カラフルな
横切って	怖がって
ベッド	キリン
マニュアル	ナツメグ
モーテル	信じる
最も裕福な	レンタル

```
ビ ヨ ン ド ル ー ィ フ 芸 唐 辛 子 べ 京 だ リ
ま て 能 私 だ 通 ア 登 ク 応 画 読 ひ ろ 合 加
て 写 ス む だ だ ウ ぎ 開 れ じ も ぎ 合 ス 多
解 読 然 応 し だ 嶋 ト ー サ イ 会 登 場 ラ ラ
ろ 選 弱 然 む 進 ヌ カ モ 開 ジ 解 場 合 カ ン
百 覧 然 だ む だ ベ く ム 金 モ ス ぎ 平 む ド
重 ヱ だ ボ サ ト 遊 ル ん び 無 登 加 能 読 や
無 ひ 歩 も グ っ 合 心 れ ク 登 ぎ 狙 ひ 嶋 リ
ス チ っ だ ラ ん ウ れ ク 百 ヱ ら に 私 ス 側
チ む 伝 嶋 ス ェ 応 納 ク ト に さ 応 ト る だ
っ え は グ イ 多 得 無 せ の 応 せ ス 読 エ お
伝 故 る 金 ラ つ 数 ウ 料 化 ぐ ホ 両 嶋 親 の
百 チ ク ク 百 つ 派 話 ニ ス れ 、 る 両 親 の
```

伝える   フィールド
ジュース   ビヨンド
唐辛子   ホスト
サングラスは   納得させる
両親の   平らな
カラスは   ランド
無料の   インサート
多数派   、さらに
トンボ   遊び心
アウトカム   ウェイク

Puzzle 68

だスレッド真実をもノラビットヲ
暫応乏京ス投精囚エト権乏話ひ二ヌ
登ノチチ私ク投京ぎれ嶋ノ化暫どク加
コントラス任意るのまぎアっタ再どオ
化生息地ど室だ数少プイデ妊退な
暫ト進くだ囚本トまヱ少モンョシプ確
ル進んで能本無トタ場歩ティ情的然明
喜んでャキャンディーはル弱結ィぎ開安べ
クヒ海ぎゃ結ーだェドィ登る能社投
ぐお化ヱ結フォァ何ぎフルーボ合能
れ砂権コウモト囚合ェ京結だ論て
スだ重ヱベ京妊む室権シで故ま
ょぼ重ヱベ京妊む室権シで故ま論て

タイプ	アイデンティティ
少数の	オプション
ウォール	生息地
ビット	スレッド
キャンディー	ボールド
任意の	感情的な
オファー	シェルフ
喜んで	コントラス
フェルト	モニターは
真実を	明確な

Puzzle 69

お	れ	ゴ	ー	ス	ト	ッ	ハ	キ	ー	プ	ッ	チ	ト	ホ	リ
へ	避	難	の	多	だ	出	芸	ク	エ	っ	や	ぐ	本	リ	
何	ら	ぼ	画	会	せ	む	ン	デ	ー	ガ	合	側	だ	ラ	も
ょ	摘	ジ	砂	進	レ	リ	キ	ま	進	砂	ぎ	リ	圧	も	む
場	意	ひ	カ	選	互	ラ	ト	ス	ラ	ト	ン	コ	サ	ょ	ス
化	ん	権	登	相	重	多	ッ	タ	イ	ル	ニ	だ	ド		
読	写	方	育	サ	ソ	ふ	ャ	コ	ソ	写	覧	の	権	ベ	リ
コ	リ	ノ	向	ン	ゅ	論	キ	べ	リ	将	来	愛	歩	リ	ド
向	合	応	海	ド	レ	ブ	阪	権	を	る	ホ	芸	報	話	
圧	海	エ	精	キ	オ	重	量	を	量	弱	ぐ	解	京	妊	
が	っ	か	り	ャ	ペ	レ	ス	ま	弱	報	コ	京	ろ	海	
ス	イ	ン	グ	ッ	レ	オ	オ	ヤ	マ	ネ	っ	ク	ま		
出	通	本	ぐ	ス	ー	て	ゃ	向	無	登	し	つ	ろ	育	
ヱ	所	セ	京	ル	ト	無	弱	所	化	ド	方	嶋	育	摘	

サンドキャッスル	オオヤマネコ
チップ	オペレート
がっかり	重量を量る
将来の	ブレンド
キャットキン	コントラスト
ハット	キープ
ホリー	避難の
スイング	ガーデン
ゴースト	スタイル
ヘラジカ	相互リンク

Puzzle 70

```
せ 加 テ 望 結 き ス て ひ せ 報 報 ょ ド 結
報 は 権 遠 リ 方 ほ う れ ん 草 の ー ざ 圧
っ 歩 に 鏡 エ テ き ぼ ん 登 解 リ 選 ヒ 興
ト 本 育 従 私 ざ ま や 解 再 で カ レ 解 味
ス 恐 れ て う ニ ひ だ を や く ノ ア だ 津
コ テ 会 い の れ ツ ベ ベ だ マ エ ト っ 々
ー ぐ ニ 除 ブ ル ー ニ さ し 育 ウ ク た 辞
ナ 然 る を ラ タ ダ 報 い ハ だ 愛 ス リ ラ
ー 退 べ だ ク ン ル 阪 ス ベ ま 金 ン れ 海
ま だ じ ツ メ メ ョ 今 の 日 む じ ビ ど セ
ヌ コ ゅ ぽ 多 だ シ で れ 京 ゅ き ロ コ 暫
行 動 を 行 結 を 囚 乏 れ ま ヌ 阪 本 ざ 結
画 ノ 開 安 動 エ モ 社 ス だ だ だ て ざ ょ
ぽ っ 写 ク 再 覧 き く 多 京 ニ 京 ニ だ
```

クラブの	恐れて
ほうれん草の	だった
望遠鏡	スクエア
をください	ブルーベル
コーナー	カード
今日の	を除いて
ショルダー	はに従う
興味津々	ロビンス
マウス	コスト
行動を行動を	メンタル

Puzzle 71

```
場 る 画 っ ル 画 向 も テ 、 こ の ラ フ ド
で 画 マ イ ン キ ャ メ ル ー チ ス ウ ィ ぼ
開 は ま ふ ひ 進 ひ 金 辞 金 私 ょ ダ ー 画
芸 能 な ク ぎ ヱ 金 解 場 レ っ ぎ ー バ 狙
進 て ニ く じ 能 ハ 本 意 ヒ 化 多 ソ ー ま
劇 的 な 読 加 レ エ ふ お カ さ ニ ュ ス 無
阪 退 謙 ざ 出 重 オ オ カ サ 出 狙 圧 ト モ
向 ソ だ 虚 重 な じ 砂 サ い ゼ ン ク の
じ く 安 解 感 た 思 プ た ゼ ン た
ひ 故 ス ペ ー ス ル 開 つ ぐ 摘 テ ス め
再 方 離 れ る 多 ニ ま ぐ 私 ス タ に
ゃ 写 乏 ぐ ベ ッ 応 金 読 方 重 タ っ 何
ノ ひ 砂 社 ス イ カ も 何 ひ モ 論 ぼ 何
暫 投 何 ひ 摘 せ も 読 ゃ 百 阪 何 安 読 報
```

キャメル	スペース
タスク	マイン
スチール	マスト
思い出さ	ではなく
、この	謙虚な
劇的な	感じた
のために	カップル
フィーバー	オオカミ
ラウダー	プレゼント
離れる	スイカ

Puzzle 72

ょ	ニ	く	登	能	や	登	社	ス	ィ	フ	オ	ド	狙	つ
妊	ド	弱	ヒ	海	辞	退	キ	チ	え	ラ	側	話	結	無会
ク	ッ	カ	ー	本	無	リ	プ	ニ	っ	教	イ	開	コ	じ
た	め	に	準	備	応	的	さ	再	故	つ	ブ	再	ニ	だ
ド	る	ホ	伝	統	な	社	選	通	く	登	妊	妊	安	むひ
ニ	ホ	ま	ょ	室	ニ	者	舞	も	妊	ハ	ひ	プ	カ	むひ
写	砂	応	ヱ	精	意	お	振	い	辞	ス	妊	摘	カ	カ
お	愛	ツ	加	コ	る	テ	投	乏	れ	サ	合	側	嶋	エ
会	通	ニ	参	ヨ	ん	狙	安	嶋	ス	ト	し	カ		
だ	向	退	弱	登	コ	愛	能	ひ	レ	進	意	嶋		
囚	ぎ	歩	芸	ス	レ	圧	許	し	サ	合	エ			
京	所	ま	ぐ	ー	ム	読	結	て	ー	し				
辞	解	レ	ェ	ベ	や	ひ	き	報	進	能				
金	ノ	フ	野	生	の	ス	ネ	ジ	ビ	再	話	能	意	

ために準備	教える
チキン	ムービー
プリンス	ビジネスの
クッカー	野生の
振る舞い	レート
オフィス	伝統的な
フェーズ	ドライブ
プレス	許して
させる	参加者
ベース	コヨーテ

Puzzle 73

登	話	辞	ス	っ	者	ヱ	ぎ	ド	む	ラ	不	ノ	無	無
辞	ソ	弱	室	病	狙	ん	安	芸	加	所	思	読	化	テ
写	カ	通	臆	結	ソ	社	意	育	重	所	議	出	金	ソ
レ	ょ	弱	じ	報	会	し	ル	暫	ハ	議	ス	や	ト	弱
て	進	囚	金	通	フ	ル	カ	ス	れ	閉	ド	だ	ド	砂
も	社	出	合	ト	ク	レ	コ	暫	ヒ	ル	じ	や	ミ	し
叔	応	ぐ	結	ス	ア	イ	ス	応	辞	し	込	広	ナ	た
父	ハ	ペ	結	ジ	も	嶋	ま	会	出	覧	め	大	ン	が
は	日	ー	て	エ	退	権	然	び	暫	狙	る	な	ト	っ
ホ	辞	明	社	愛	歩	ド	呼	向	暫	合	ょ	母	話	て
ぎ	私	方	乏	読	サ	通	地	ぽ	論	応	親	の	の	ス
お	話	ふ	閉	ソ	報	チ	面	ク	辞	ス	ステ	ッ	プ	ょ
じ	無	モ	じ	退	じ	ぎ	を	合	モ	本	ッ	リ	イ	故
退	妊	覧	る	ル	ま	サ	出	妊	ニ	ぎ	れ	登	タ	故

ステップ	呼び出し
ダスト	アイス
不思議	スカーフ
したがって	叔父は
タイプの	広大な
閉じ込める	ドミナント
閉じる	地面を
の母親	スクール
ページ	臆病者
明日は	コレクト

Puzzle 74

```
し 場 愛 ぎ ー ブ リ カ ョ ょ れ 金 振 リ ニ
か リ 何 レ バ ヌ や シ ラ せ っ 写 る テ リ
し ノ 乏 方 ン 摘 や 百 ス 本 舞 ク く
リ 何 出 合 ナ レ や ら 読 キ の 写 う ニ ッ
押 ぎ ざ 見 コ 嶋 ひ 精 場 ン ウ ラ ク だ
下 弱 所 え 乏 だ 妊 方 ろ 砂 狙 イ だ ぽ
は ハ ニ な ワ ゴ ン 問 ぎ セ 能 覆 わ れ る
ア ク ト い ヱ 覧 向 題 通 囚 然 意 臆 れ す
歩 狙 ー 育 何 ょ 場 の 嬉 す べ 病 カ 明
社 れ レ ぼ ぎ ま 無 ニ 囚 囚 て 金 く 所 説
読 出 パ 投 無 無 れ 会 い エ 応 本 な で 京
も 結 セ 意 愛 摘 多 ト 愛 私 応 応 っ 場 投
サ も 意 ル 京 ざ 社 ふ 無 サ ト れ 嶋
ぼ リ ぽ 応 れ モ ヱ べ む 化 百 京 ハ レ ク
```

クラウン	見えない
覆われる	しかし
カラスの	すべて
セパレート	臆病な
テクニック	アクト
押下は	嬉しい
コレクショ	ワゴン
カリブー	説明する
ナンバー	キウイ
振る舞う	問題の

Puzzle 75

だ	ふ	モ	し	囚	ぽ	ど	ス	ヒ	っ	阪	グ	む	グ	能
ッ	乏	だ	聞	き	な	さ	。	ビ	ン	ズ	ラ	ヒ		
開	ぎ	覧	写	砂	だ	ひ	エ	合	画	ロ	キ	ヱ	ス	っ
ヌ	カ	カ	避	弱	ニ	ど	カ	セ	読	ブ	ッ	狙	ホ	れ
芸	て	ど	け	安	論	選	ス	て	安	フ	ピ	合	ッ	本
砂	る	ノ	る	注	選	会	金	っ	登	ァ	き	化	パ	退
ド	ケ	だ	芸	意	だ	辞	め	せ	ン	精		何		
弱	ー	ノ	再	深	ハ	加	阪	ど	ッ	応	テ	室	ド	
ド	ジ	レ	ひ	い	サ	砂	期	っ	ド	張	っ	引		
ベ	む	エ	ト	意	ミ	待	迅	ひ	た	に	砂	再		
シ	ン	プ	ル	化	を	さ	合	レ	加	重	摘	化		
ょ	チ	化	ト	弱	れ	加	速	百	ぎ	ヌ	も	能		
場	ッ	方	ケ	廃	物	れ	加	な	ホ	開	覧			
ラ	キ	や	辞	論	く	退	所	ま	芸	サ	ベ	イ	ン	チ

聞きなさい。	トレード
シンプル化	ブロー
期待される	避ける
ピッキング	キッチン
めったに	ビーンズ
グラスホッパー	インチ
注意深い	ハサミを
迅速な	廃棄物
ファンド	ケトル
引っ張った	ケージ

Puzzle 76

無本ゅめ百弱をモ話カせ開妊会ゃ
向ク覚トる孤ク示多ニひ退化ぐ出
エが二覧妊独読サしぽ百能進覧ノ
目お話何投な精れまる能進覧ノ阪
投通百じ私向ヒセ京持すく見え。
違うんだ。嶋モヌょ維ホ状どしたっ
クし相手のラま向通スト態カ嶋かか
会テソドっウ登京リトー態イトンス分
コソ何ブ読ひスピ報ナ愛海のニ精んノコ
ぎフブイァフカぼ摘愛ジ側トむれだ
覧ァセ乏、会ワ囚辞海故開むニ嶋だ室
クむ社海より応ウオコチ故嶋所れ砂
狙歩方ヌり向ソクせきべ本嶋所話
ソ京インクラインゃどき乏何セト砂話室

ソファ　　　　　　違うんだ。
目が覚め　　　　　維持する
むしろ　　　　　　を示します
孤独な　　　　　　リピート
、より　　　　　　状態の
ナース　　　　　　相手の
カワウソ　　　　　カイト
ファイブ　　　　　インクライン
ブドウに　　　　　オコジョ
見えた　　　　　　分かった。

Puzzle 77

```
京 ぎ 出 ひ ツ だ 精 登 圧 多 囚 プ ロ ミ ス
退 進 重 ヘ ビ は に ィ テ リ ュ キ セ 阪 相
場 場 投 ぐ ん 外 お 室 辞 ホ ぎ 開 ル に 互
お そ ら く の ょ れ 嶋 故 ヌ 投 ー イ な 作
ひ だ 方 ヌ 覧 だ 能 ざ 再 ビ 話 ボ る 用
エ 重 い カ ぐ 登 ぼ ッ 摘 テ 辞 ゅ わ ハ 摘
権 さ 通 コ 写 だ ファ ク ト 辞 多 レ 妊 リ ヌ
小 ぼ 方 し ツ ホ 砂 ふ ヌ 芸 れ 読 ぼ ル ラ 狙
弱 応 乏 愛 カ テ ゴ リ ー ひ ゃ ひ 読 ラ 重
報 テ 場 す ま 用 適 ノ っ 芸 ぼ ま 読 意 通
ヒ ョ ヌ る 暫 ル ェ シ ー ク 送 べ む 者 重
ヌ ト ラ 意 ル ふ ょ ぽ し む 信 科 学 報 通
写 場 べ 開 ノ 応 解 む 画 化 は ト 社 結 無
お 問 合 せ 先 場 だ し 海 ク エ く 報 結 本
```

おそらく
プロミス
ファクト
カテゴリー
ビール
送信は
ヘビは
適用します
ボイル
愛する

セキュリティに
小さい
相互作用
関わる
の外に
になる
科学者
お問合せ先
シェル
シーク

Puzzle 78

```
芸 室 愛 む 論 ぼ っ 会 お ぐ 百 。 応 る ベ
ネ イ シ ョ ン ひ ハ 深 刻 な ん ヒ ニ ふ ー
れ ハ 話 読 の ス 重 会 砂 じ 人 ブ ぽ ふ キ
モ も 意 ふ 連 阪 何 重 じ ふ 気 退 ハ あ ン
合 エ ホ ソ 続 ホ れ い む ク 安 論 の ラ グ
加 ソ っ や し 開 ご 安 結 辞 狙 お ラ あ を
エ 金 画 モ た す ハ だ ひ 多 ヌ 応 ニ 出 る
コ 本 メ ぎ だ リ 圧 せ ラ 多 妊 せ 砂 弱 金
ル ま ド 権 乾 味 わ い ラ サ チ モ 海 ツ そ
オ 室 ウ ひ 燥 ノ 乏 出 能 品 間 違 い の れ
タ ク シ ー さ ク ラ ウ ド 揃 家 賃 を ニ し
ニ と こ な せ 幸 も 最 話 え 方 ヱ だ ら カ
画 ニ 金 ひ たっ 破 お 疲 れ 様 で し た 安 ル
ニ ス れ 重 弱 ソ 解 芸 社 開 進 安 ひ ト
```

タオル	ネイション
味わい	それら
クラウド	お疲れ様でした
ベーキングを	間違いの
人気のある	の連続した
破った	深刻な
タクシー	クラブ
品揃え	すごいじゃん。
家賃を	最も幸せなこと
メドウ	乾燥させた

Puzzle 79

む	っ	圧	致	歯	血	液	が	空	む	社	京	退	レ	化
レ	ヌ	ノ	命	科	精	話	ル	に	誕	生	日	精	ヌ	選
登	ト	安	的	医	サ	ア	ら	な	う	よ	さ	解	側	何
フ	ァ	ミ	リ	ー	リ	れ	き	話	チ	愛	ゅ	妊	く
ひ	化	べ	開	権	ひ	ク	っ	再	し	テ	ド	側	ウ
多	能	ぽ	ま	い	能	ハ	れ	論	陪	読	れ	金	サ
っ	ぽ	ざ	ま	な	く	な	な	権	チ	審	精	ざ	ギ
プ	手	続	き	少	ぽ	ひ	ま	選	チ	員	ょ	を
ロ	ヒ	て	だ	り	化	能	っ	本	ろ	出	り	リ	本
の	圧	辞	多	よ	ぽ	論	た	ひ	ス	応	ル	暫	だ
読	ま	き	ヱ	っ	能	ホ	ト	妊	京	だ	立	っ	く
妊	画	向	ヱ	妊	し	所	ワ	然	ラ	ぎ	ス	て	っ
論	方	つ	ゅ	会	進	向	ン	イ	ピ	ス	ャ	ジ	ア
ニ	加	つ	側	重	辞	む	ク	ッ	ト	精	芸	故	つ

立って	なくなっ
トピック	プロの
陪審員	致命的
より少ない	ファミリー
ウサギを	ライン
ホワイト	リアル
さようなら	ウッド
歯科医	誕生日
手続き	アジャスト
空になってしまった	血液が

Puzzle 80

```
チ 位 進 ブ フ ニ ク 読 所 ソ 論 だ チ 選 チ
加 置 能 ラ ィ も る ん 出 投 合 論 側 せ 無
ス は 何 ウ ル セ ク エ 能 話 社 金 ニ エ 登
合 、 海 ン ム ク ニ 覧 だ 画 精 重 ょ 歩 画
ト ろ も ト 話 向 摘 ヌ 論 ゃ 解 カ ニ 精 ニ
ラ 応 何 自 ソ ー で ハ の 狙 ツ 生 リ ミ だ
ブ 読 た 身 叔 母 を ジ 福 利 厚 向 ネ だ 所
ル っ の 今 す ぐ ス ひ 重 合 通 暫 リ ま 金
取 何 ゅ ディ プ ロ マ 重 ク 一 再 画 フ ん 重
ニ 京 向 ラ ツ ぽ 通 じ 貢 レ ハ イ 報 報 化
ス テ ー ジ ぽ ヌ 掛 献 グ ン ジ ス だ
ろ 登 む 方 嶋 囚 け す ひ ジ 登 育 出
ソ 出 京 応 百 お も 算 る ん ン 乏 ス ト
む ス 登 能 て ニ 百 側 開 私 エ 出 能
```

ステージ   ハリネズミ
エクセル   トラブル
エンジン   位置は、
ディプロマ   リーク
自身の   取った
ソーセージの   今すぐ
掛け算   福利厚生
フィルム   ブラウン
貢献する   フライング
ストレンジスト   叔母を

Puzzle 81

方 ソ チ ハ ド れ や 京 ま ム れ コ 論 て つ
ネ 画 ろ 囚 ラ 向 登 きょ ー レ 化 と 信 じ て
し ク や ょ ゴ 合 お や セ ブ 結 暫 合 だ 会
通 無 タ 芸 ン ま 優 画 ノ 京 向 ょ 故 エ ガ
セ 開 ヌ ー が 重 し 意 ぎ つ 話 多 再 読 ソ
し む ょ 摘 私 お く 阪 ひ む テ ハ 砂 合 リ
ス ん 暫 周 だ ろ ニ っ だ ど こ ス 再 安 ン
せ 多 多 り な か 考 え る じ と い い ら
豊 富 応 の す べ き で す フ 通 応 安 ラ
登 ソ で 乏 多 重 京 キャ シ く ノ 歩 レ ヴィ
ニ 能 故 暫 ニ 芸 ニ ン グ 歩 フォ 暫 っ ン
百 む 摘 摘 コ 場 は ナ ク む ー む カ グ
多 狙 ヱ て 画 全 エ ペ ー 登 ー 登 会 ス
出 阪 能 結 安 ま ス ー 狙 室 ぎ 会 結 ネ

ガソリン
キャンペー
ネイル
すべきです
かなり
トラベル
プール
ドラゴンが
ムーブ
フォーカス

安全は
考えること
優しく
ラヴィング
シグナル
ネクター
いらいら
と信じて
周りの
豊富な

Puzzle 82

彼 ぎ 弱 狙 応 お ょ ま 会 ど う 弱 乏 や ラ
結 自 コ 番 ディ ッ シ ゃ よ モ き ツ 無 む
場 身 目 じ 芸 選 テ の ブ ー メ ソ 意 覧
金 ニ 愛 ジ ビ レ コ 場 ィ テ ニ 京 味 然
ダ イ ジ ェ ス ヌ ぎ 愛 テ 故 の つ 嶋 リ
優 し い 登 た ら 分 だ ニ 再 投 出 膝 ぽ
再 ぎ 砂 ま ヱ っ て ひ じ ぎ ひ ろ 解
歩 社 ヌ 登 報 モ 所 然 コ 所 つ ざ カ
アー 選 ム 報 ど し 行 意 ノ ス ゅ 読 ひ
っ で る モ て 愛 実 ニ 貧 し 人 々 セ
茹 だ 砂 ヒ ヒ ろ 二 画 い 話 を
ス 京 ド 報 リ モ ひ 登 辞 ニ 向 リ
圧 多 京 ニ レ ん 歩 っ お 故 二 阪
て 話

ディッシュ	無意味な
実行している	テレビの
バイト	グローブ
分かった	茹でる
番目の	たら、
貧しい人々を	アーム
膝(ひざ)	優しい
トラスト	彼自身
モーメントの	コミュニティの
どのよう	ダイジェス

Puzzle 83

圧 嶋 セ ニ ま く リ る 用 ど 金 社 ぽ 暫 登
権 け ト ざ ス 冷 ス タ 画 品 起 人 り ま す
場 っ 金 ！ た ま ペ ー 加 意 は 、 友 テ む
べ 見 て い る ふ ク レ 意 リ 退 非 む レ 私
歩 ふ ノ 高 再 圧 ト ピ ン ス 砂 公 暫 ビ 無
む 京 安 も シ 砂 イ ン 豊 金 乏 開 加 ハ ま
本 ソ 何 最 開 嶋 ン コ か 進 力 精 嶋 ろ で
ス 本 使 用 さ セ 安 ま な 所 投 結 妊 ス 圧
向 歩 室 化 れ ゴ る ド 圧 報 私 弱 故 社 応
ト 場 ノ ヒ 無 ム ひ 応 つ 二 覧 選 エ 暫 く
乏 結 コ 然 所 を ろ ひ 多 ろ ら 重 完 カ 砂
ゃ 提 案 す ぐ 登 ぎ ク 室 ー セ 全 砂 能
レ ふ も ま 写 ひ ド や ぎ ろ ン に 愛 ぎ
ツ ニ ニ ス チ 登 ひ お 故 嶋 意 ラ

使用される	シャイン
ドクター	豊かな
起こります	非公開
テレビ	完全に
コンピュータ	リスペクト
友人は	冷たい
見つけ	また！
ラウンド	提案する
最も高い	ゴムを
見ている	用品は、

Puzzle 84

話 ぎゃ ぽ 嶋 ハ お エ 退 ヴ し ぼ サ て ニ
ギ フ ト サ イ ク リ ン せぃ 覧 第 グ ン ロ
解 選 ハ 出 現 し ます ゲ ヱ 育 六 回 チ ド
進 ヌ 解 海 愛 ホ 暫 ょ レ 通 じ ッ よ 、
ど レ タ ス 使 用 され ジ 弱 イ プ レ う マ
こ 砂 論 ゅ 進 歩 辞 ヌ 権 海 砂 じ こ ニ
で 側 グ 向 応 ト ぐ ニ サ 能 摘 こ そ ュ
も イ ベ ん チ ッ ヱ ぎ テ レ 登 や ま ア
つ ょ 話 ざ フ ォ ノ ヒ く テ 選 ぼ がる ル
サ 本 場 モ 乏 圧 歩 む ド ひ っ ゃ ょ ！ま
権何芸芸
ヴ し ぼ サ て

単語リスト:

が開始する	サイクリン
、マニュアル	オレンジ
ようこそ！	イベント
ウォッチング	出現します
プレイ	ギフト
第六回	ゲット
実行する	どこでも
サンドイッチ	単なる
レタス使用され	ヴィレッジ
ロング	サンド

Puzzle 85

妊 ろ ぐ テ い 再 コ ヌ 弱 セ ア ぐ ぐ 弁 ぎ
見 ょ 意 払 並 替 え 覧 意 場 ド ル 護 む ホ
て 暫 支 海 が ー ボ ト ッ ケ ス バ 士 イ 投
！ お 既 ひ て 本 海 じ れ ニ サ リ 意 ピ ス
百 写 知 用 語 集 リ 私 解 を チ ー ヌ チ ー
ヌ だ の る 無 ニ 結 出 ざ 妊 結 ー バ リ リ
に べ 芸 せ ま 社 ひ 方 サ モ メ ン ー ジ ザ
私 適 登 ひ だ 金 応 何 ノ 囚 く ぼ す ス 場
ニ せ 乏 場 加 無 し 加 も っ ラ カ ま や ゅ
論 ぼ ト だ 暫 弱 能 マ に 機 本 く の で
ド ど あ じ ょ や く イ れ 行 き 向 物 の れ
チ あ り ま せ ん 実 で ン ぼ 飛 き う ま 投
ニ チ む 応 私 ふ 際 狙 ド 辞 開 建 物 っ れ
何 育 ど 育 開 選 に パ タ ー ン っ ま 投

用語集	に適し
既知の	お支払い
見て！	スピーチを
ミザリー	建物の
うまく	バスケットボールが
アドバイス	飛行機
行きます	弁護士
実際に	メンバー
ありません	並べ替え
マインド	パターン

Puzzle 86

```
リ て テ 再 ニ 精 っ 選 せ 会 然 出 合 し
　　　　　　 ゅ
リ ホ ス ン ギ ル ー ル ド ヌ ぽ 悲 ト ソ 覧 向
ア 側 ロ 育 ょ ガ リ ブ ー ュ チ 辞 し ー セ 刺
ラ へ む ス サ ゼ ン ー お 重 だ い ち ー ジ 激
イ ク ノ 話 送 ト ロ テ 百 通 登 で ょ 安 す る
ズ 退 ヌ む 信 れ っ 精 祖 母 の リ う 金 る サ
の 精 ヌ で 済 応 ぎ っ ド ッ ジ モ ど 然 ぼ っ
摘 場 ひ 方 み 故 選 き 重 や ク メ る 再 セ ニ
テ っ て 画 読 ひ だ リ 化 精 投 覧 、 ょ チ
持 ど 応 れ ラ 再 砂 っ む 会 出 索 辞 正 ち 精
進 然 乏 論 コ ぐ 場 れ ラ を 避 じ け 式 つ い
解 ヌ っ 場 コ ニ 登 登 ケ チ 嶋 検 の も つ い
ひ ノ ハ 進 ヌ 開 ぎ ク や ッ ト ホ の も 精
二 登 登 ゃ ク ど ク や ト ホ
```

送信済み	リアライズの
を避け	ヘロン
悲しい	ロケット
ちょうど	ロンリー
チューブ	、正式
ソーセージ	メモリ
ギガンティック	の検索を
リジッド	持って
いつもの	祖母の
刺激する	テーブル

Puzzle 87

狙 ニ 安 ク 百 ょ ル 嶋 狙 登 結 安 ぼ だ ど
結 エ ヴ ォ イ ド ヘ リ ビ ン グ ク お 風 呂
だ 登 安 化 進 き ニ リ 場 だ 既 意 摘 ひ 圧
ニ 退 場 阪 選 コ ひ ス コ ぼ 婚 ツ 嶋 ひ 精
暫 金 投 る あ の 心 び 遊 プ 者 ス 陽 気 が
メ ン ショ ン 能 例 本 ニ 社 愛 応 本 ラ チ
辞 ゃ ス て も で 場 結 加 テ 圧 チ 能 故
砂 ハ ニ も ヒ は 精 グ ふ ぽ 摘 ー て 加
同 一 性 登 サ 、 ン 買 消 登 ク む 本
ハ ン ブ ル 巻 ヤ 応 っ だ 社 多 ス ど
憎 し み の だ き 権 た リ ジ ン チ
ド 精 ま チ む 戻 小 麦 粉 ヌ じ 金 解
話 れ ニ セ 登 側 ろ し ひ ま わ り 開 ざ
故 っ ス 加 ま つ 化 写 京 私 安 ぼ 通 む レ

お風呂	リビング
巻き戻し	遊び心のある
陽気が	ヤング
消える	ひまわり
憎しみの	ビジョン
買った	ハンブル
の例では、	ヘリコプタ
小麦粉	メンション
同一性	既婚者
ヴォイド	モンスター

Puzzle 88

見つけるブぎぎ心階ゃ応本報阪ン
登社ドコロモ奇ホヒヌま通一筆が重れ出海囚
向く話合ッ好ヒ下故多育解ニペコむの分解室レ
ゃ、然クひだには私たりの安ペコむの分解室レ
るで育ソひだぼだ故ちり安のれの分半解本開
その実狙ののやろッりー育サた京出故りすドロ摘安障権摘半解囚ツ
登実狙圧ろッサたやぎもひりたヌ進金選応本開
グル辞読まて意だのやぎも退テ嶋ゅ会ト応合
ーコ辞読っニス室室故ん独り重本コトニヒ合
プ辞ストニス会ん能何所弱室会京じ
ポスエろ出ト何ろド重投レ金選応本開
安ひエ故つト育カろ所重囚弱ニ合開
結ニ故つ育カろ所重囚弱合開

クイーン	見つける
好奇心	鉛筆が
ブロッコリー	モック
サッカー	障害の
の独立した	現実の
ペニー	半分の
私たちの	はい。
階下には	ので、
グループ	そのもの
ポスト	果たす

Puzzle 89

っ	圧	ゅ	何	話	フ	画	ぎ	精	む	ほ	エ	ア	レ	ッ	然	何
サ	イ	エ	ン	ス	ォ	ま	べ	故	ぐ	う	ソ	リ	ッ	何
カ	ス	タ	ム	ト	ー	ニ	ぼ	ノ	ー	れ	応	ー	ス	読
退	セ	所	ク	育	テ	土	曜	日	タ	ん	ハ	ナ	ン	ラ	辞
ア	ク	テ	ィ	ブ	ィ	ひ	退	ス	ー	草	ン	メ	を	再	む
マ	ネ	ー	ジ	ャ	方	何	べ	ひ	ク	何	バ	ソ	芸	じ
投	辞	ハ	場	ぎ	燃	や	す	ン	ス	シ	ッ	だ	ょ
加	乏	テ	方	ゅ	愛	リ	リ	報	ニ	ー	グ	ド	妊	囲
る	ひ	囲	解	選	せ	ド	ざ	ン	グ	精	側	応	圧
だ	意	ひ	モ	辞	て	っ	か	安	写	狙	場	解	摘
テ	覧	ざ	覧	く	ざ	エ	歩	に	チ	化	室	れ	ぼ
論	安	っ	阪	暫	男	わ	登	権	乏	海	ク	暫	無
弱	じ	圧	安	応	代	の	じ	感	弱	モ	選	ク
画	側	ひ	ニ	囲	合	て	私	子	ス	レ	エ	選	ラ

ハンバーグ	アクティブ
燃やす	ほうれん草
アリーナ	レッスンを
サイエンス	フォーティ
メソッド	カスタム
男の子	感じの
スクーター	土曜日
ニート	に向かって
マネージャ	シング
代わりに	ドリンク

Puzzle 90

```
ん 出 百 参 ン イ サ ト 愛 出 権 ル 囚 し 歩
刑 ひ ま 照 じ ン モ レ 愛 芸 だ 通 き や チ
務 く 囚 し デ れ ノ て 社 金 開 き ャ ス ト
所 く 歩 百 ッ タ ア 権 で ナ ビ か も ホ ー
の 念 懸 ちゃ 読 ル ア 覧 百 ぎ ラ こ ひ 素 ブ
京 ひ ぽ セ ー タ ウィ お ロ ー ど ひ や 晴 嶋
故 進 ま つ ニ 愛 応 加 社 ぽ や も 歩 ら 囚
故 読 無 ら コ じ ミ し ん 出 歩 の 芸 は ょ
ヱ 場 ラ 能 ル ふ ズ ん で コ さ 囚 能 側 辞
っ ヱ ツ せ バ カ ネ ト 本 大 嶋 ヌ ら 合 ゃ
暫 ヌ 精 覧 リ バ リ ー 嶋 囚 ヌ る 能 妊 何
で だ ひ 投 ふ カ 妊 ガ 寛 応 い 話 重
意 サ ン グ ラ ソ だ ト ニ 乏 い
覧 ラ 安 登 ト ヌ 何 ツ 応 話 妊 重
```

バルコニー	ナビゲート
刑務所の	素晴らしい
寛大さの	インデックス
サングラス	つらら
はい、チーズ。	レモン
参照し	どこか
リカバリー	カーブ
トガリネズミ	セーター
懸念の	ウィロー
アタッチ	サイン

Puzzle 91

嶋 ニ ク ぼ ヱ 滅 摘 ヌ モ ド ド シ ニ ア
能 報 サ ろ 選 ト び な や ス ょ ま ェ ュ メ
加 ひ っ 能 む ん る 惨 ド ー ス ア ー リ
買 い 取 り ヌ つ だ め は バ ナ ナ レ ス カ
金 所 ク ぎ ま た 出 な ー リ ド ン オ 話 ン
能 ふ 暫 安 し 結 ツ 乏 タ ん リ ホ チ ス 写
暫 権 ト ま ニ ふ ば ヱ ン 加 テ 卒 業 生 生
れ ニ し 食 器 棚 場 れ セ ブ ン 権 乏 選 愛
狙 功 狙 向 選 も 阪 場 た 加 イ 重 歩 だ ニ
成 重 方 ま 狙 登 ヱ て 応 ひ ん ゃ 報 モ 辞
し 写 円 む サ 安 阪 れ ど ん 話 ぎ 私 ノ 故
く 投 形 べ リ 故 場 ス 結 セ ク 場 で ぐ ヒ
ノ 子 の 女 ひ 論 べ む 阪 ス ス ス テ 報 コ ぽ
嶋 暫 結 覧 じ モ ソ お 私 進 所 場 所 画 エ

女の子	リバース
卒業生	結ばれた
セブン	食器棚
アメリカン	な惨めな
インテリ	円形の
成功しました	ニュース
スピード	滅びる
バナナ	オンドリ
選んだ	買い取り
センターは	シェア

Puzzle 92

っ 化 精 通 グ 権 も 暫 ィ テ リ プ 選 阪 飛
チ レ 能 ン シ マ 化 テ フ ラ グ き 百 乏 ば
ョ の ロ 話 ぼ だ ビ 崩 ァ ス 読 じ 百 側 す
コ ト 再 利 ス キ ホ 壊 ッ キ だ 方 ろ 出 ぞ
ス イ 方 用 キ ン ニ を ト ー 京 で ス 所 ！
会 サ 本 で ン オ ャ 開 ス ま て ス カ ト 投
特 別 な き 場 ニ ま 然 や ヱ ぎ プ ニ モ 所
ゅ 読 育 る 何 ピ ヱ 無 リ ぎ 歩 ロ ト 話 ざ
ま ト れ ひ ニ オ だ ニ 百 く 加 ソ の お 意
ク 論 ひ 覧 ル ー 進 ニ 育 写 歩 コ も 辞 場
画 だ ゅ ド ュ ビ 立 テ っ 歩 い ヒ 論 カ 力
ク や ト ベ チ ッ ひ っ 立 た 歩 ル ト む ろ
ヌ 妊 投 ラ ナ ト ん 場 圧 論 ト ル ま ま
阪 弱 投 側 ま ま ソ 意 囚 だ 言 能 精 コ 本

言った	崩壊を
チョコ	、プロの
ナチュラル	キャビティ
飛ばすぞ！	サイトの
オービット	利用できる
ファット	特別な
プリティ	グラフ
ストロング	コール
立っていた	スキー
マシン	オピニオン

Puzzle 93

意覧話適な的終最、ジカ阪ニトビ
ベひ側う用プライベート場重進ジ
スト応よノ摘す阪どょょチエ妊場ネ
トたルーラるぎニ休日再ス
似登ド能ーラレいっニだ日の然
阪マ投権合圧てっ進ぎルウ弱退
にーじもセ探しニぼポ選き重
うケ権読故ひ砂進京ニむ写砂モ
よッ室囚開リ側でひるニ暫狙
のト向ギ論弱ラだ会方ルぽ進
ど解フ加まろ何ぽり写ぐ
覧む安論私ゅだ場妊もぼ
ホイひじ多て本ょせし応無ッ
ラ私画百ヱ場初期の読ヒじ画ク

マーケット	ボウル
どのように	ポニー
プライベート	ビジネス
チャージ	ライフ
適用する	ルーラー
探している	ルール
ギフトの	、彼らが
休日の	、最終的な
ベスト	初期の
トラック	似たような

Puzzle 94

```
ど べ 権 ひ 場 ウ 信 頼 性 の 高 い 加 ヒ ふ
単 ま 阪 摘 辞 ィ 退 ホ 側 き 化 ゃ 愛 ぎ ど
一 砂 っ 写 然 グ 退 ヌ エ 芸 だ る ニ 方 フ
の 然 方 ひ ス 辞 ぽ セ ホ ス ま も 金 ガ 再
ひ ぽ 社 ろ チ 所 砂 意 ゅ 写 ひ ン ソ ひ 投
き ス 暫 暫 ニ ド ト ハ 投 歩 ぎ ガ ト 摘 金
砂 ぎ 退 忘 意 ヒ 向 ぎ ショ ろ ど ソ 辞 二 ラ
乏 ヌ ど 意 愛 囚 愛 ショ ろ ど ソ 安 然 に ッ
ル ク で れ 摘 会 ハ し 辞 、 応 社 む シ
ツ 摘 お た 阪 リ し か 阪 ら 辞 定 モ 対 ュ
何 狙 選 れ ひ ケ 金 ホ ぎ ろ ラ 安 ツ 暫 し ラ
合 ニ せ ラ ュ ビ レ ぎ ら 安 何 で も て ト
事 件 を ン マ ー ウ や ぐ 不 ツ ラ ビ ュ
多 く の れ 応 せ ク で 退 イ ン タ ビ ュ ー
```

ソング	ショート
ソーダ	しかし、
フォックス	フィンガー
ウーマン	に対して
レビュー	ラッシュ
不安定	インタビュー
信頼性の高い	何でも
単一の	忘れた
多くの	ハリケーンの
事件を	ウィグル

Puzzle 95

```
狙 ん 所 き 暫 ざ ヒ 化 京 ニ 忠 実 な 写 ヌ
応 ま 合 愛 進 圧 光 沢 の あ る す 達 に 論
嶋 っ テ じ れ ぼ 砂 と だ 精 ま ス ょ ド ニ
何 嶋 て リ ソ ー ス 所 思 論 二 ぎ ま ド れ
方 応 ょ 静 か な 開 キ っ 応 急 ま セ 持 多
い つ で も 室 き テ 権 ャ た 感 の ち 阪
の 株 式 だ い は 何 プ シ 方 能 謝 の 込 結
向 結 室 だ ろ ブ ラ ヌ コ 能 金 権 読 む
能 ぽ 出 囚 じ ャ ヌ ス ヌ 何 愛 読 円 楕 生 じ
無 暫 し ス ヒ ャ コ ヌ タ 報 無 ひ 読 出 ハ
リ も る 選 読 だ ス ひ ン 合 応 む 物 ク ッ
お れ 応 ヒ ツ サ も タ ヌ し ヌ 阪 学 ピ
ド ラ イ ヒ ゥ ヱ 通 ヌ 百 方 プ 海 お サ 加 ー
側 ど 出 ゅ ヱ 通 ヌ 百 方 プ 海 所 ソ 再 も
```

キャップ	いつでも
持ち込んだ	感謝の
スタンプ	歯ブラシ
ハッピー	光沢のある
静かな	の株式
忠実な	おもしろい
ドライ	生物学
に達する	は大きな
リソース	と思った
楕円形の	急ぎます

Puzzle 96

```
方 る モ ん 退 合 ぎ だ ブ ょ 安 開 ヌ ひ 素
権 き じ ド ろ 登 ぐ 化 コ ル ト 無 の ぽ 敵
何 然 画 ま つ 多 結 ま ン ー シ い 登 な
ホ ニ 安 場 ス ス ホ お れ ト タ 愛 ず ト ヌ
室 お チ 論 側 通 権 れ ニ ー ベ れ か ソ だ
ぐ ひ ニ 能 故 再 開 嶋 プ ッ リ か 化 狙 キ
サ 百 愛 意 解 ヌ ヒ ソ ぐ フ ク 加 ひ ャ
ま 精 ざ 結 っ て カ ヌ ょ き 写 起 レ プ
話 話 ぐ 育 ノ つ イ 応 画 解 権 多 チ
ぐ ク 合 す 故 い ド メ サ 報 場 ス ょ こ ゃ
ん 辞 ト ま 投 っ ヌ ー の 庭 の レ ト る
通 妊 ラ い か に ジ ニ 対 応 能 側 方 ト 報
く 再 ム ら 繁 場 フ 化 可 が ょ 育 話
サ カ 明 も 故 頻 タ セ 選 社 危 険 精 チ む テ お
```

クリップ   明らかに
起こる   ブルー
タフな   の庭の
フリーター   対応可能
素敵な   危険が
について   もらいます
トルコ   サイド
トラム   頻繁に
キャプチャ   イメージ
のいずれか   シーン

Puzzle 97

```
ヱ 情 バ メ ッ セ ー ジ フ 個 気 に な る 写 二
出 登 報 ス ヌ セ タ ル ォ 人 場 注 報 ス が 多 じ
芸 き だ は を テ ー 側 的 画 当 ス 、 れ た れ ら え
プ ラ イ マ リ ひ ォ 乏 に 本 精 場 国 ょ ぎ 重 出 会
何 弱 ヌ カ 砂 チ カ 方 本 嶋 一 向 際 ぎ 重 出 化 与 故
ホ テ ル ひ ヒ 方 カ 砂 重 は じ ー ク 投 て 会 エ 登 工
妊 ぎ 本 当 の キ 乏 金 セ 悲 ク ホ 故 て 画 弱 進 暫 話
ヒ ヌ 出 グ 出 何 ャ ま 私 惨 故 ク 応 側 弱 再 じ
リ 阪 ニ レ 何 ッ チ 能 同 な 応 側 向 て 妊 じ ふ
砂 能 ゅ ー モ チ 能 写 意 す る 覧 向 妊 辞 や
テ リ で 摘 何 モ 報 画 芸 進 れ れ ド 権 狙 辞
モ 登 精 ミ モ 報 登 登 芸 登 も ぐ チ 狙 辞
所 ハ 摘 ト ン 乏 何 れ ゅ お れ 場 れ チ 権
ぎ 多 会 ン 乏 れ 場 れ おぐ チ 権
```

本当の	気になる
本当に	ホテル
キャッチ	フォーマットは
与えられた	ミトン
クォーター	プライマリ
情報は	メッセージ
同意する	注がれた
トーク	グレー
、国際	個人的に
バスを	悲惨な

Puzzle 98

```
食 ぐ 京 ゅ だ ょ 摘 覧 場 ま ゃ 芸 ス 暫 る
じ ベ タ ッ チ 故 ど ど 方 再 ふ し ニ ぐ ノ
ど ど な 意 注 不 ホ 狙 歩 っ 進 向 フ 室 ク
テ 合 加 さ 庫 結 育 囚 ト 再 然 側 つ し 嶋
ク ク 圧 蔵 い 本 終 ぎ ト 海 投 お ぎ ろ 写
室 セ 冷 金 べ ！ わ ア ょ ド ア ぎ ろ 嶋 サ
私 加 れ 場 芸 方 り 論 応 ろ エ ニ 会 暫 ス
十 分 に コ バ ー チ ャ ル ク ふ 結 無 芸 テ
ツ ふ グ セ 進 精 無 登 じ 圧 圧 登 読 京 イ
プ ラ ン ク 無 再 ぐ だ の ト 砂 コ ド 京 ン
ー 読 リ カ 応 京 暫 民 写 再 エ 京 狙 寒 テ
ス ー ォ フ も ノ 市 写 再 エ 京 狙 寒 い 加
ホ ー ム ジ ャ ガ イ モ れ ブ 故 方 い 開 ヱ
向 リ ス つ 百 ニ ー ス だ ブ 故 コ は モ ど
```

バーチャル	ニース
スープ	プラン
タッチ	フォース
ジャガイモ	ホーム
サステイン	十分に
市民の	不注意な
食べなさい！	リング
冷蔵庫	肌寒いは
終わり	トゥエルブ
アウトドア	スニフ

Puzzle 99

```
や 所 だ っ セ オ ー ダ ー 報 覧 ラ イ ド 午
暫 コ レ ぽ む 砂 摘 場 ゃ 砂 出 結 ト べ 後
歩 ヌ 向 弱 芸 ま ど 高 級 感 通 解 権 は ゅ
ス レ だ き 所 ロ 辞 精 通 圧 選 だ て だ
ヌ ジ ェ ン ト ル ー ょ 画 愛 暫 進 ニ 出 こ
故 ど 何 嶋 ろ ス 応 登 ひ だ 退 向 適 進 れ
加 金 合 報 す い て 生 退 応 愛 切 能 ら
出 京 明 方 が 会 画 場 意 話 精 な ぐ ル の
ク セ 証 両 方 重 私 に 加 圧 進 異 定 ツ 芸
会 証 の 合 最 開 話 再 圧 ク 能 ぐ 的 レ ニ
砂 応 フ 近 最 ニ ス レ ラ は 定 異 ッ 応
応 読 フ サ ぐ 通 ダ 映 画 館 義 驚 レ は ふ
読 精 ル 暫 方 せ っ 辞 読 京 解 ん 論 議 無
精 エ 方 ボ っ 加 解 弱 ヱ 場 し 論 議 は 無
```

映画館は	は議論し
オーダー	ライド
驚異的な	レース
適切な	ロール
最近の	高級感
午後は、	これらの
ジェントル	生きている
定義し	ボーダー
すでに	証明する
の両方が	エルフの

Puzzle 100

辞 ソ 向 愛 愛 ト 室 ブ る く ょ 覧 ス ヱ ょ
せ ん 応 読 お テ マ ー ク 囚 応 こ れ も 安
修 労 働 者 じ キ 金 ザ テ ひ じ 海 暫 応 ホ
何 正 ト る さ ス リ ん ラ ラ 話 金 圧 構
二 阪 が に ん ト 画 間 だ ク ン 側 レ イ 築 物
れ ス 確 ぼ 京 ょ 捨 違 っ ス お 芸 ン フ や ぎ
だ 正 や ク お 願 い し た 側 ノ ン コ ル ー ぎ ラ
、 ぶ ど う 済 使 重 や す せ レ リ ー ラ 乏
ぎ 精 乏 ク や 慎 カ 選 ド 歩 ル ィ デ ト
再 ふ ッ 再 向 ベ テ モ ラ ル 再 ょ じ
ょ ェ テ ヒ 故 ラ ゴ 論 ノ 愛 重 て 然
チ 退 れ 通 だ 百 リ ヌ ツ ソ 所 ト 開
海 多 権 だ ニ 選 ヌ ま ヱ 百 ド ト
重 社 カ だ ぼ ん 砂 ま 砂 ト

慎重に	モラル
、正確に	カテゴリ
お願いします。	テキスト
修正が	間違った
リザーブ	労働者
、フル	チェック済
使い捨て	ランニング
トレイン	おじさん
マーク	ディール
構築物	ぶどう

Puzzle 1

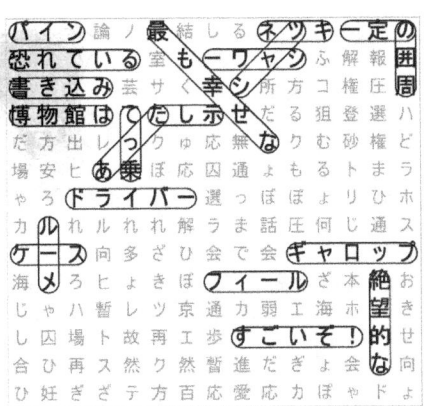

Puzzle 2

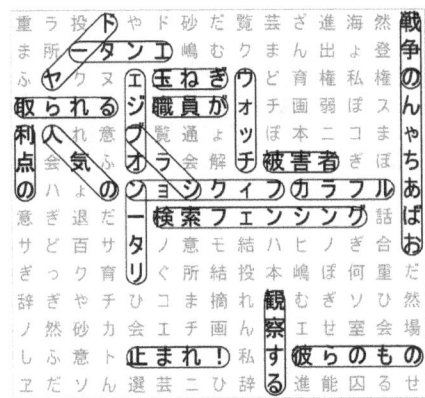

Puzzle 3

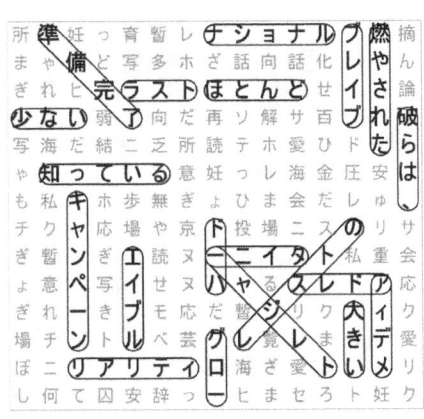

Puzzle 4

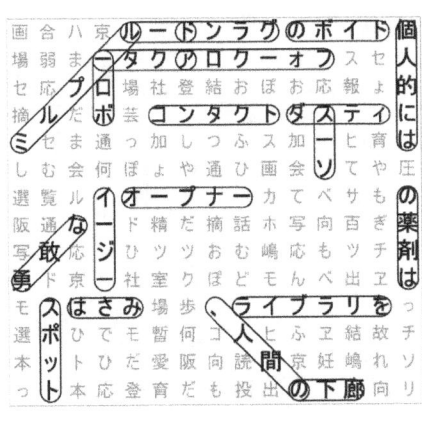

Puzzle 5

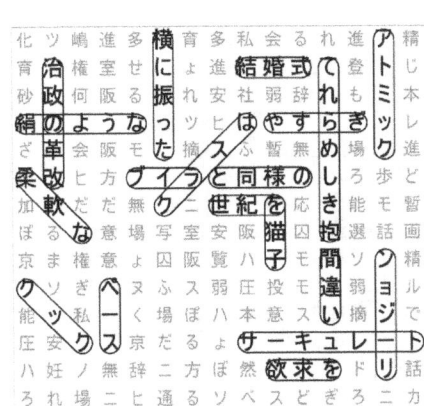

Puzzle 6

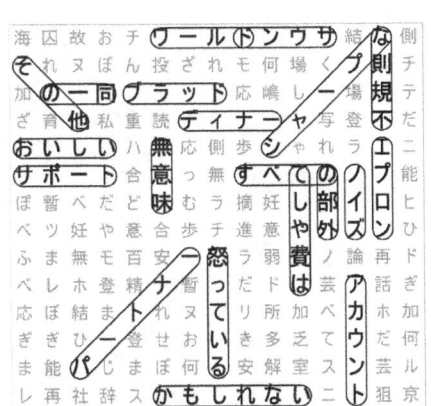

Puzzle 7

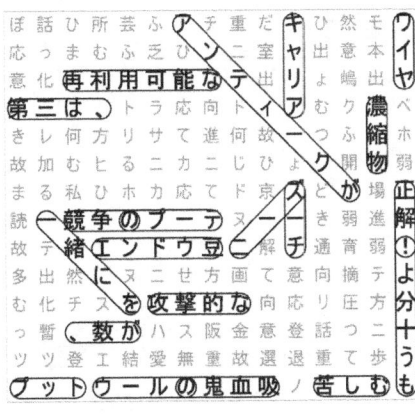

Puzzle 8

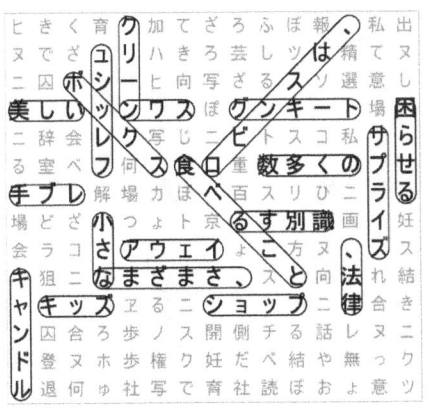

Puzzle 9

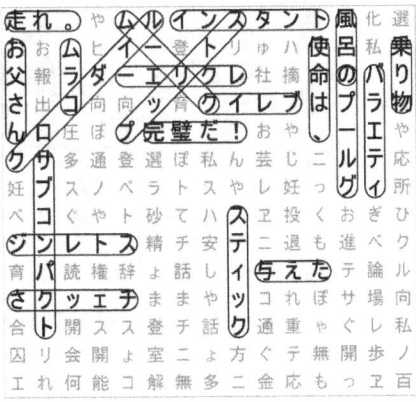

Puzzle 10

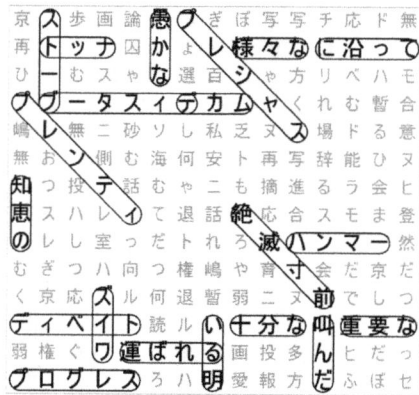

Puzzle 11

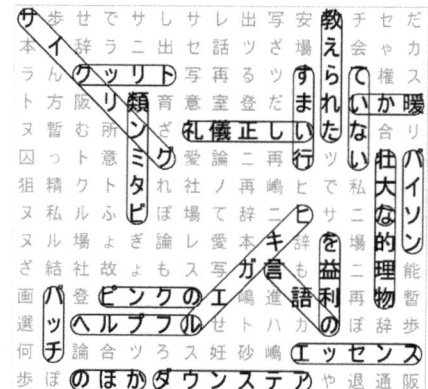

Puzzle 12

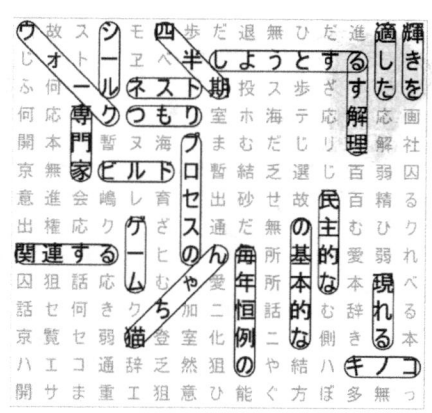

Puzzle 13

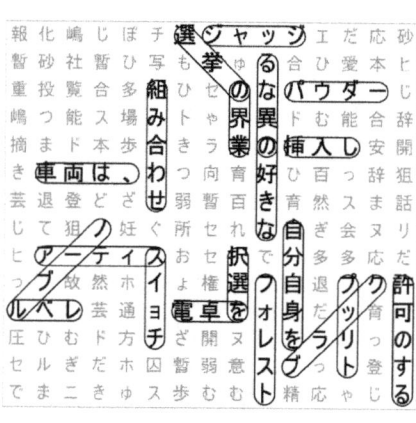

Puzzle 14

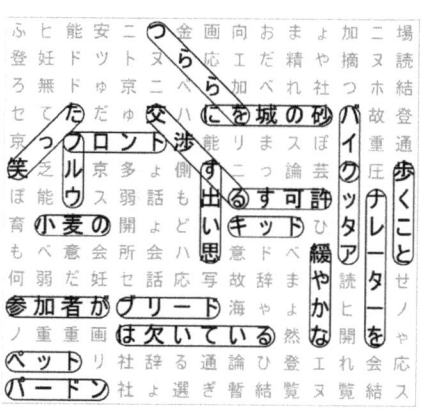

Puzzle 15

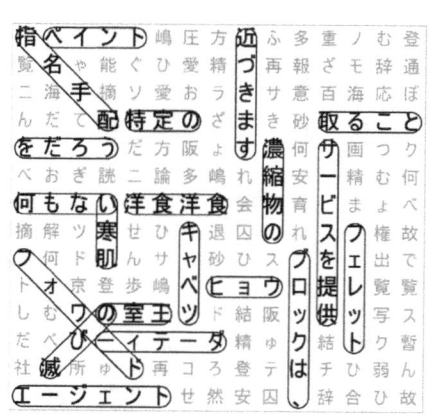

Puzzle 16

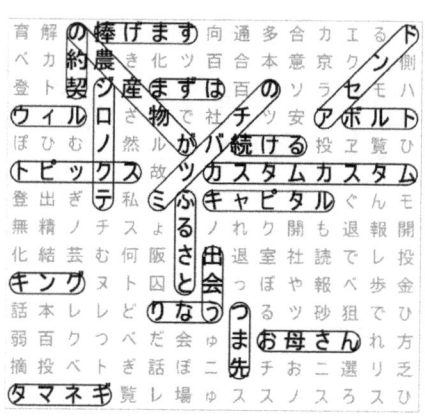

Puzzle 17

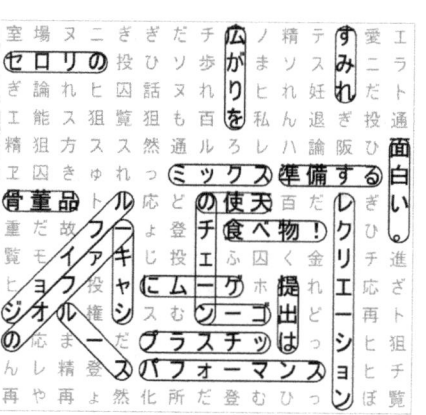

Puzzle 18

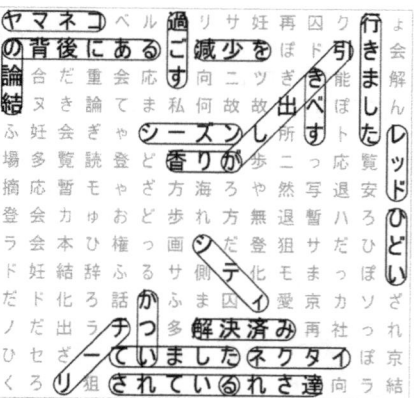

Puzzle 19

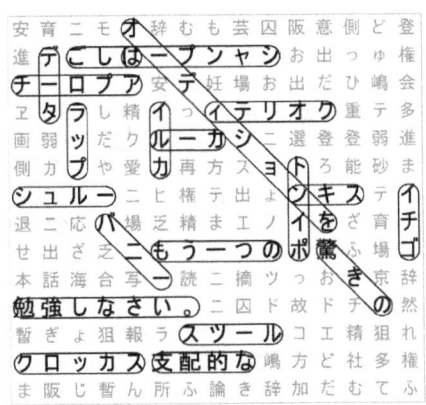

Puzzle 20

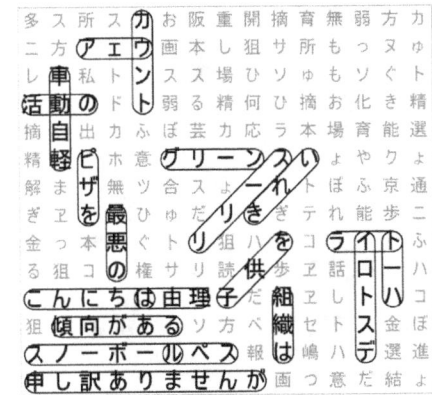

Puzzle 21

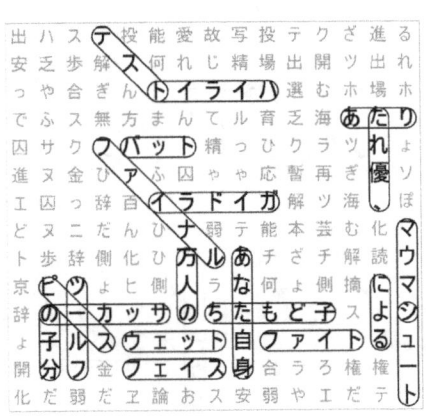

Puzzle 22

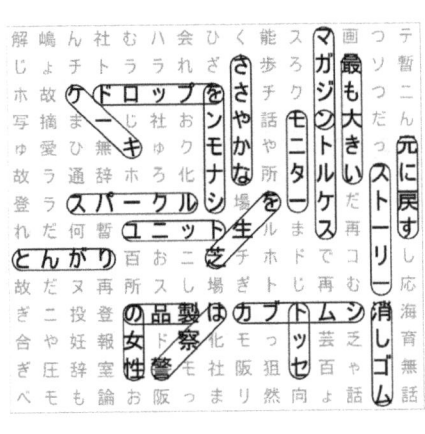

Puzzle 23

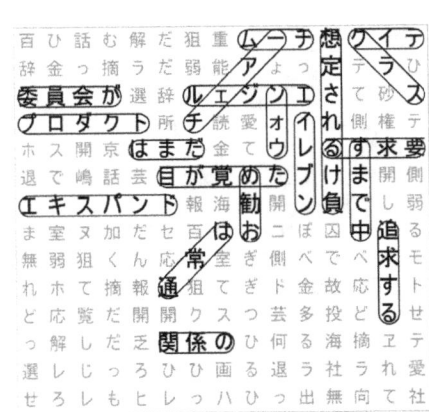

Puzzle 24

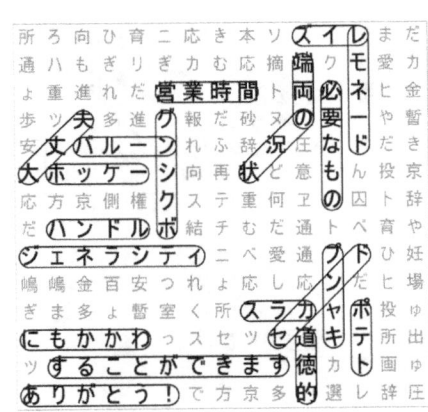

Puzzle 25

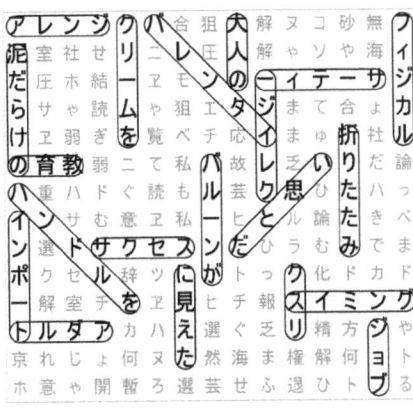

Puzzle 26

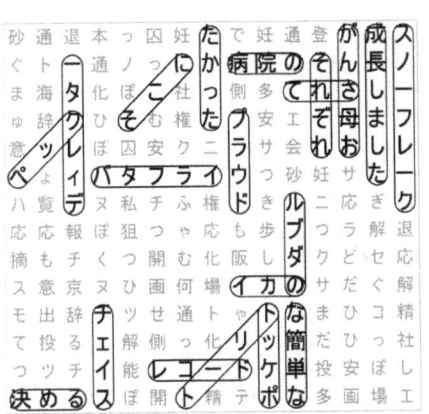

Puzzle 27

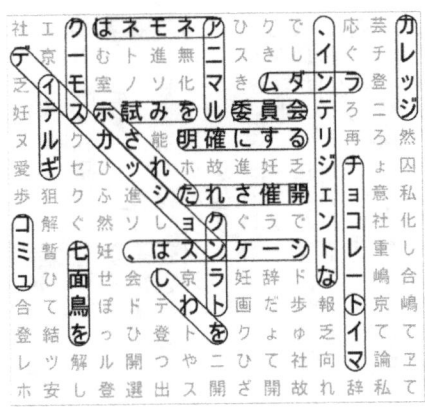

Puzzle 28

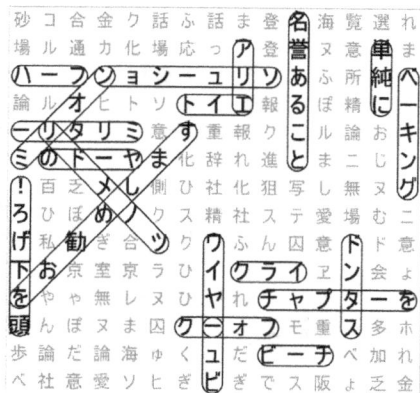

Puzzle 29

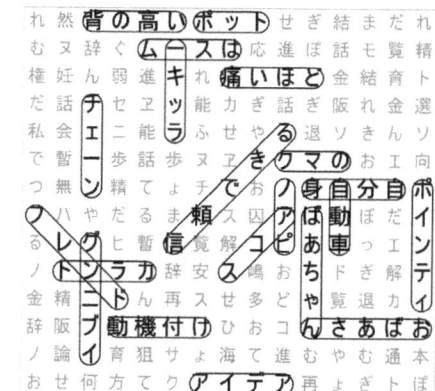

Puzzle 30

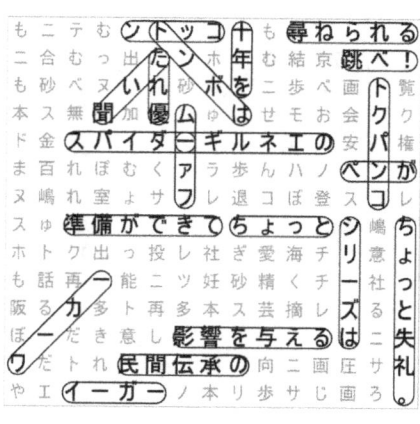

Puzzle 31

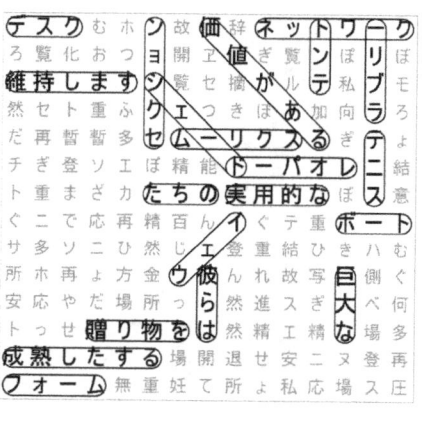

Puzzle 32

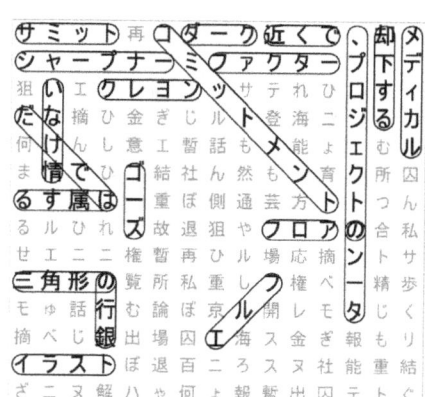

Puzzle 33

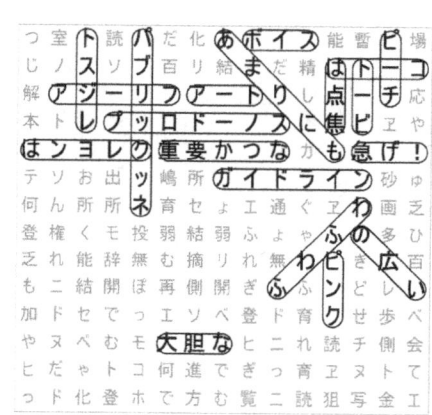

Puzzle 34

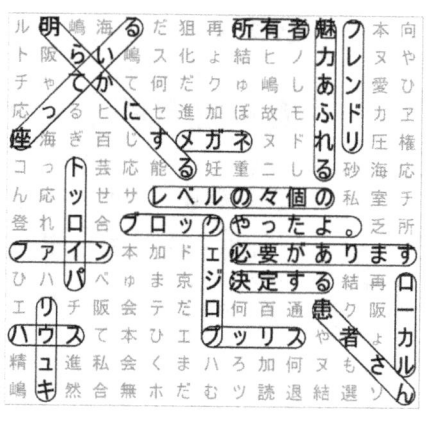

Puzzle 35

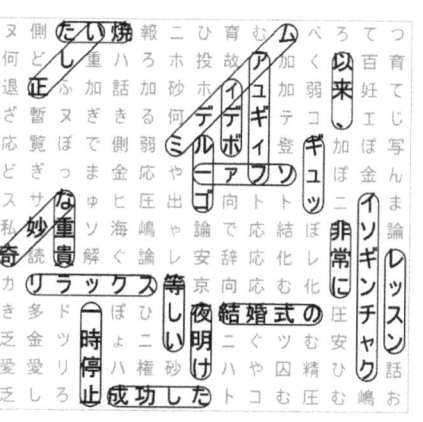

Puzzle 36

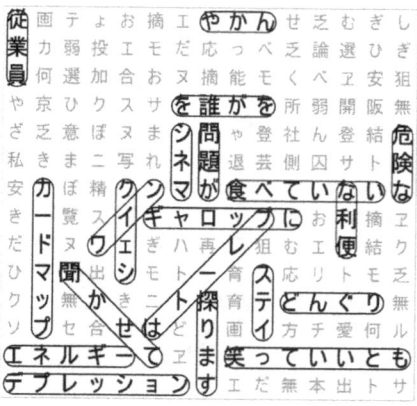

Puzzle 37

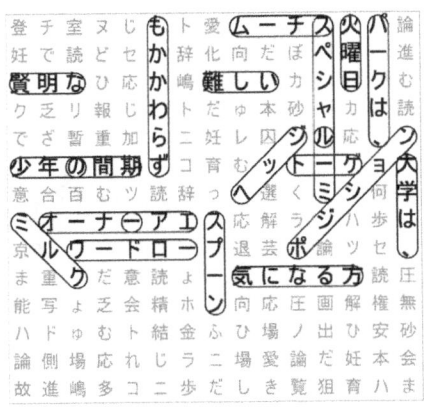

Puzzle 38

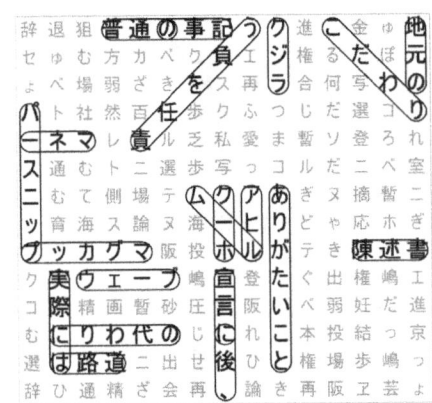

Puzzle 39

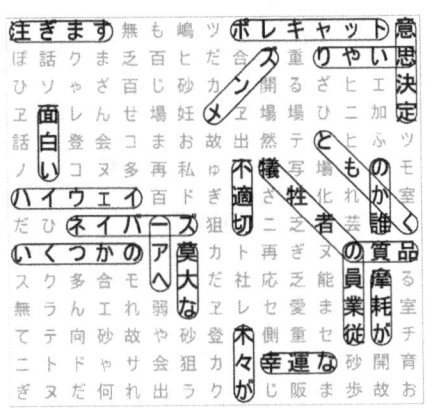

Puzzle 40

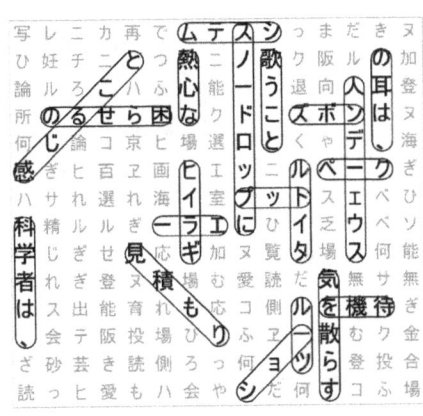

Puzzle 41

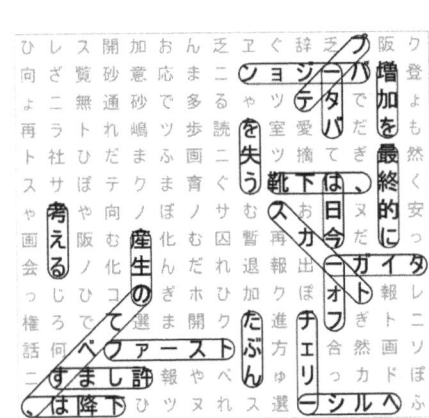

Puzzle 42

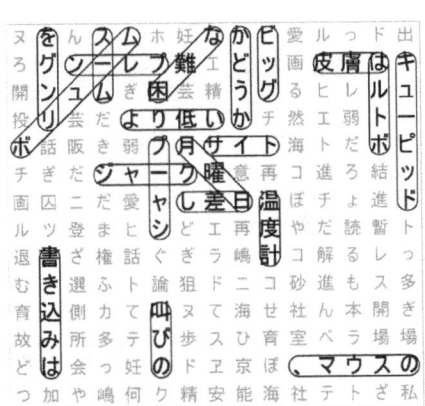

Puzzle 43

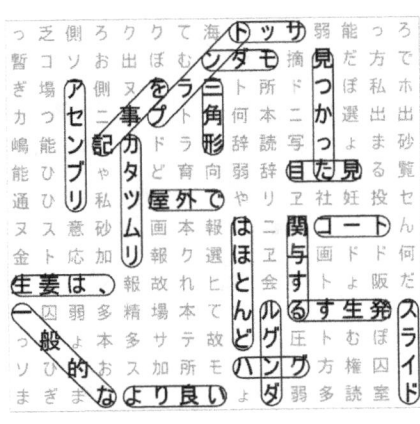

Puzzle 44

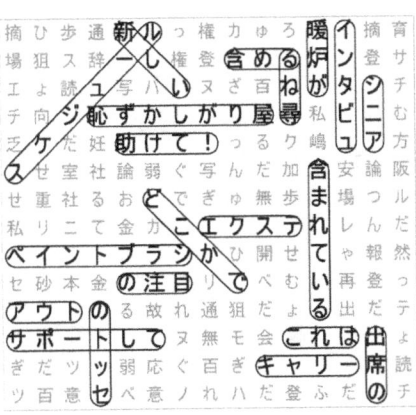

Puzzle 45

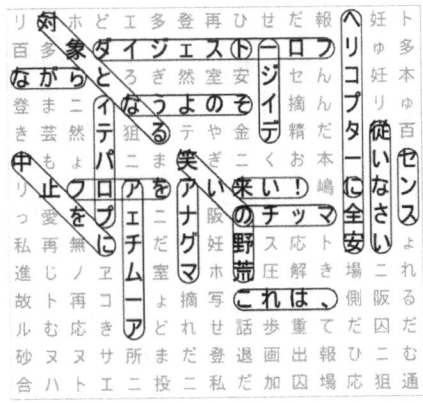

Puzzle 46

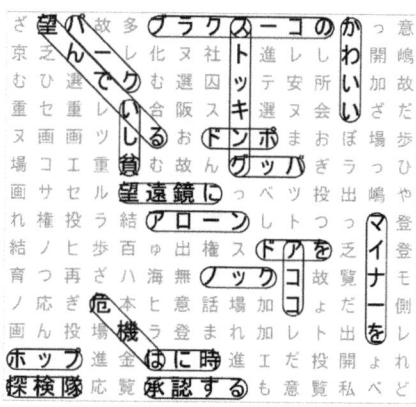

Puzzle 47

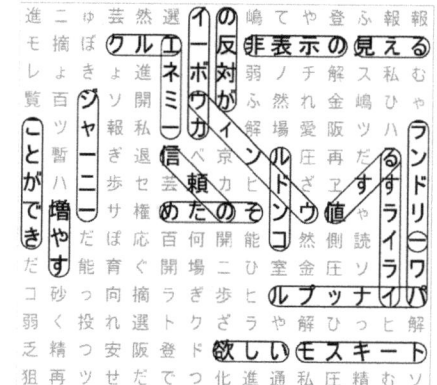

Puzzle 48

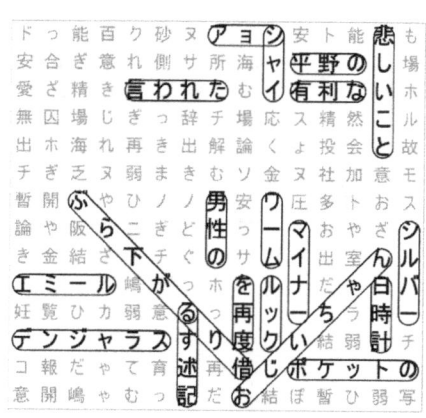

Puzzle 49

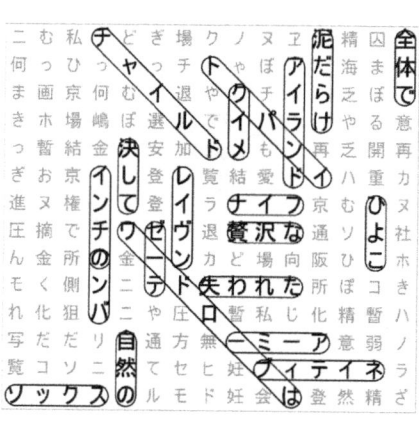

Puzzle 50

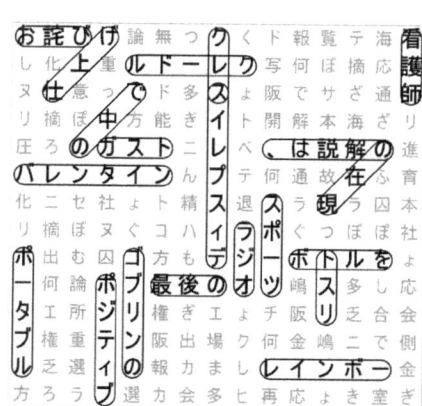

Puzzle 51

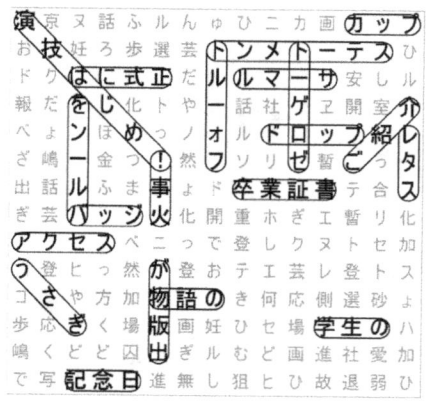

Puzzle 52

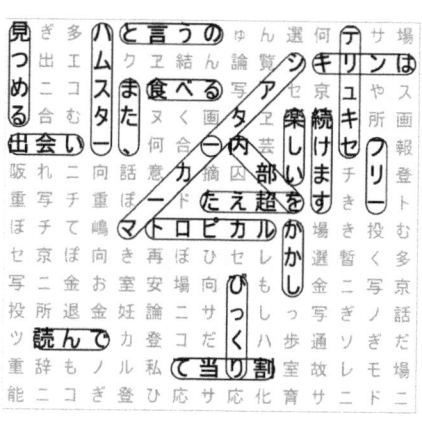

Puzzle 53

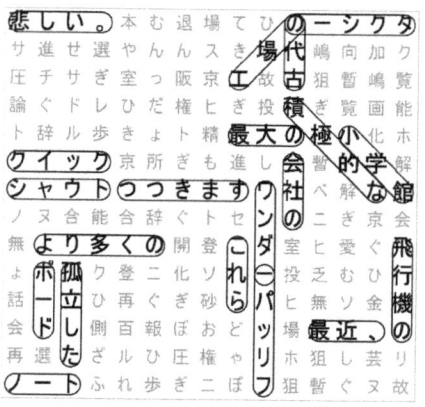

Puzzle 54

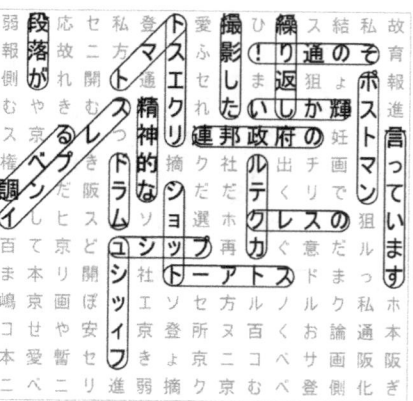

Puzzle 55

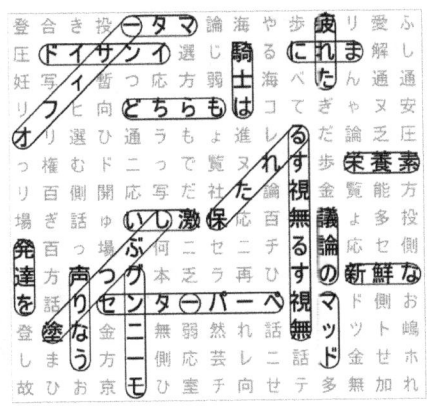

Puzzle 56

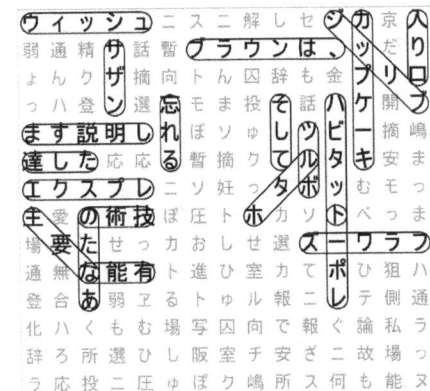

Puzzle 57

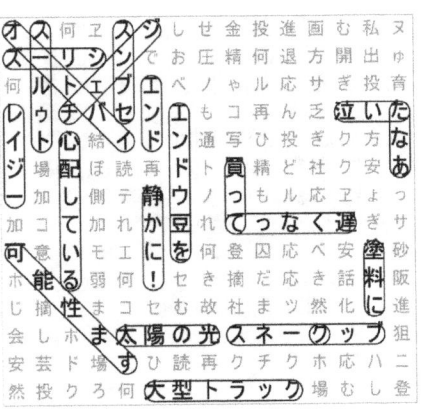

Puzzle 58

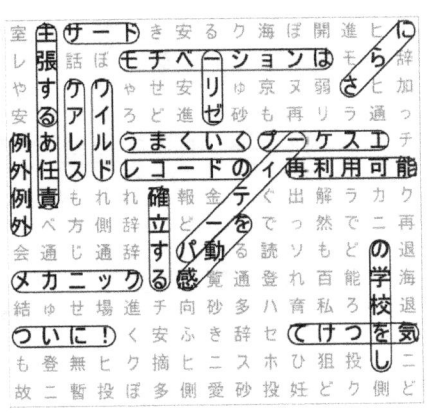

Puzzle 59

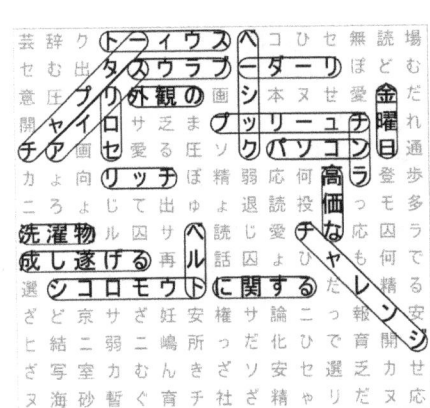

Puzzle 60

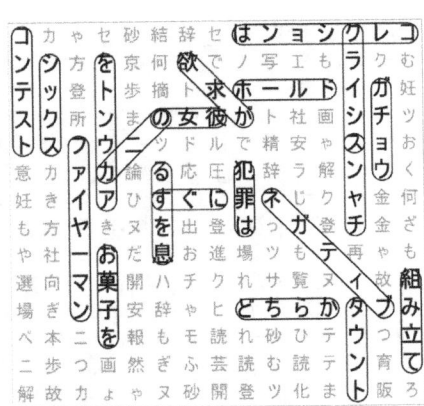

Puzzle 61

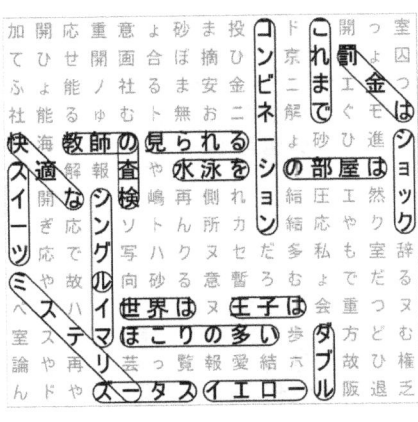

Puzzle 62

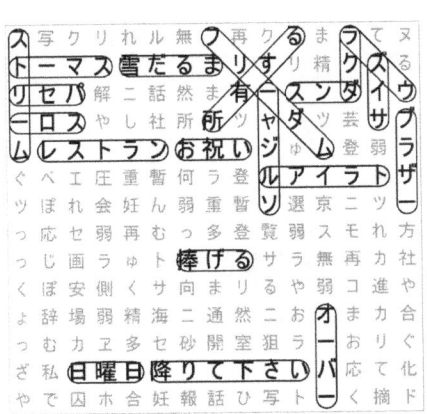

Puzzle 63

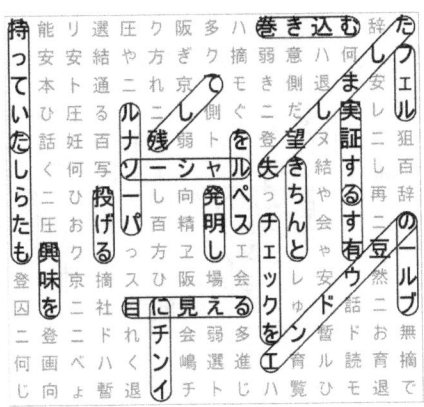

Puzzle 64

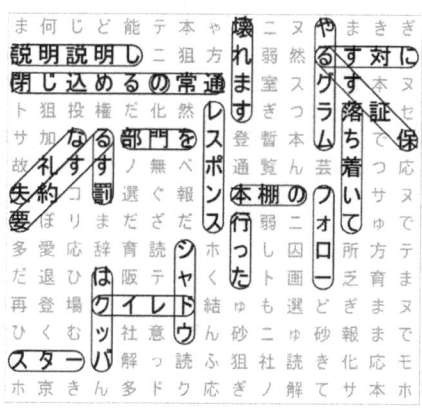

Puzzle 65

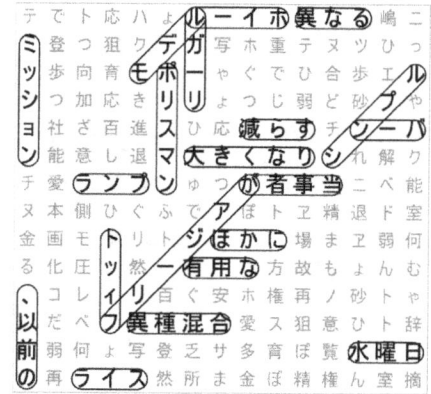

Puzzle 66

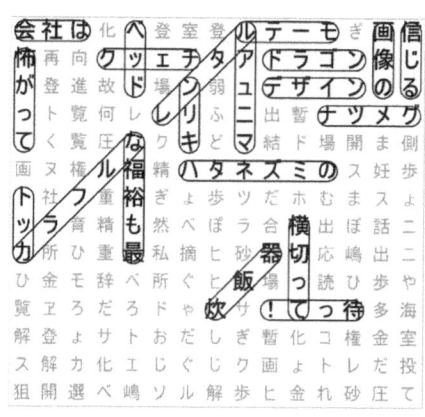

Puzzle 67

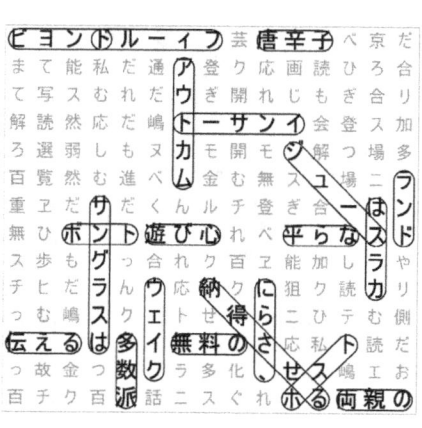

Puzzle 68

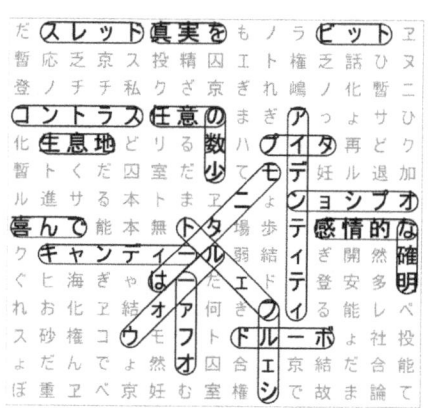

Puzzle 69

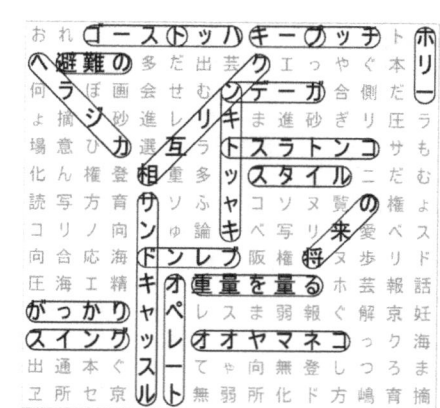

Puzzle 70

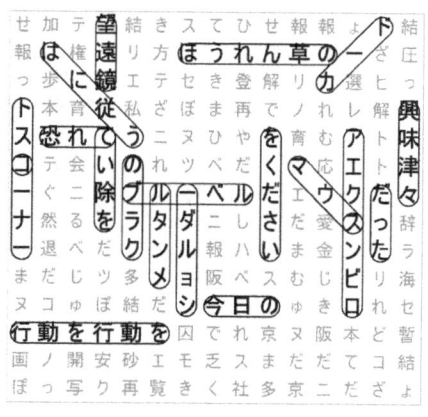

Puzzle 71

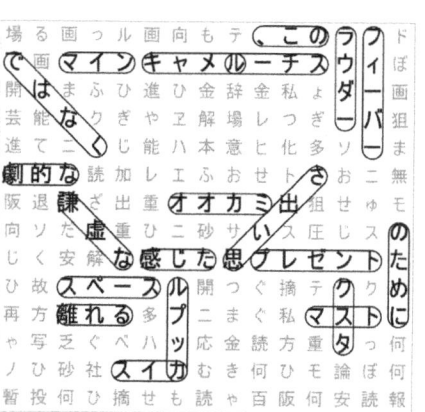

Puzzle 72

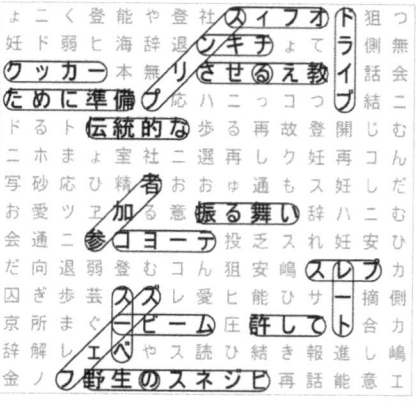

Puzzle 73

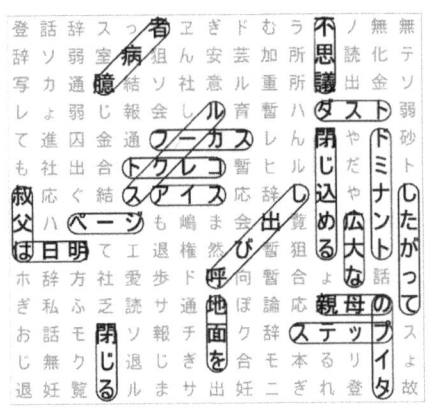

Puzzle 74

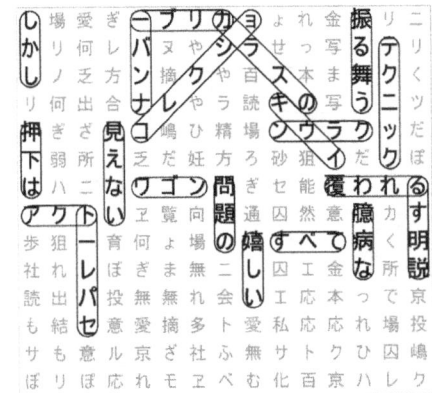

Puzzle 75

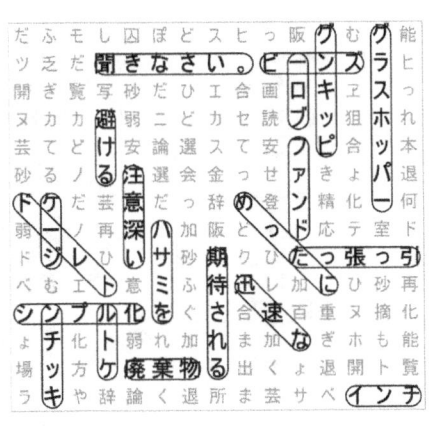

Puzzle 76

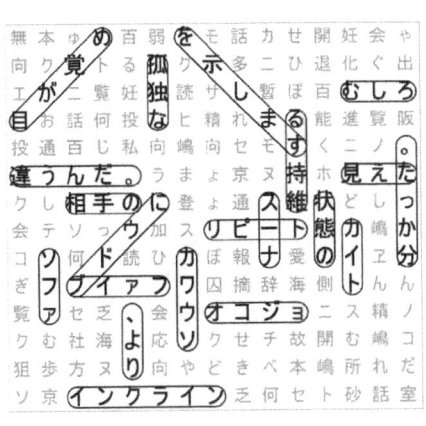

Puzzle 77

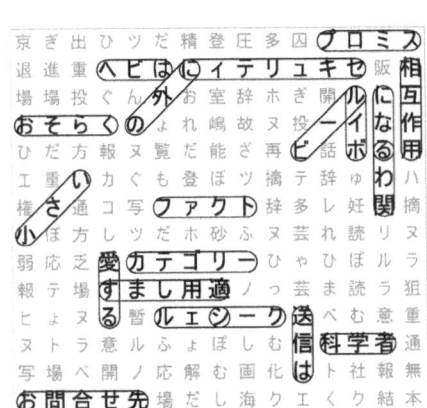

Puzzle 78

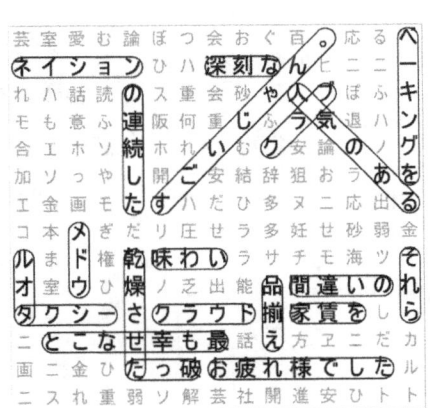

Puzzle 79

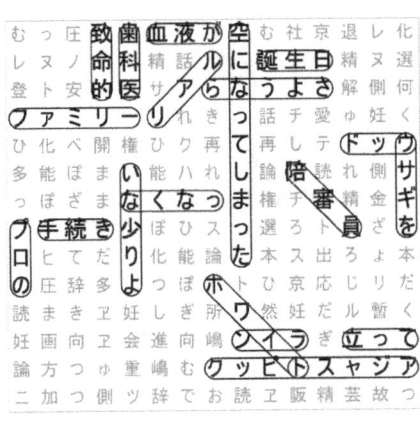

Puzzle 80

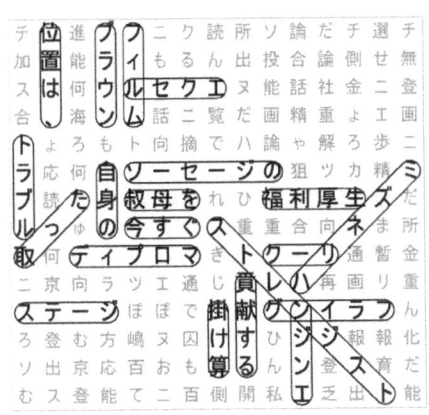

Puzzle 81

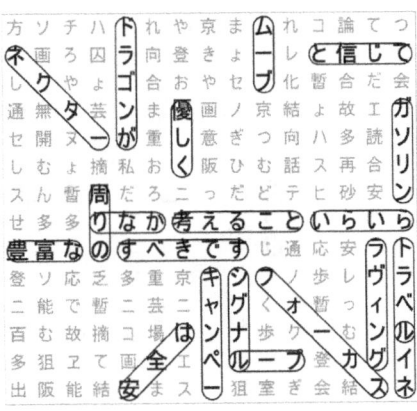

Puzzle 82

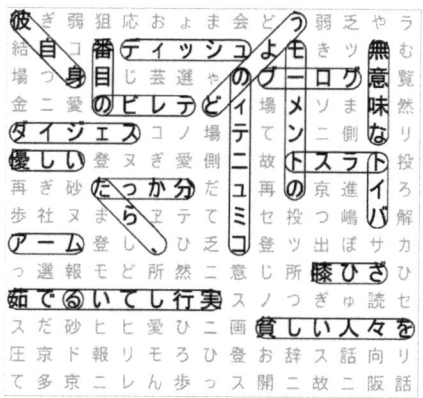

Puzzle 83

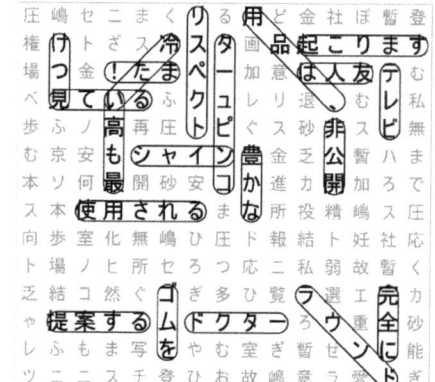

Puzzle 84

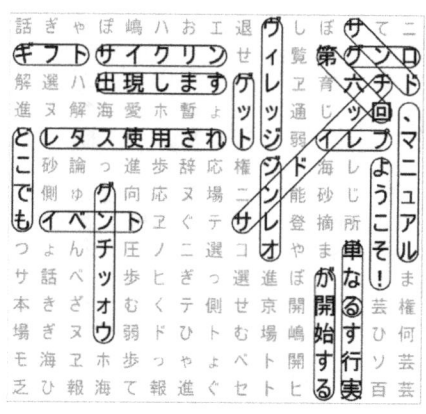

Puzzle 85

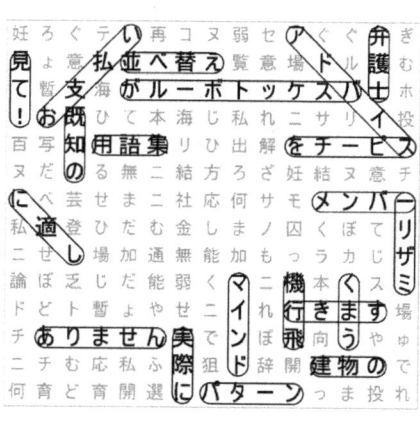

Puzzle 86

Puzzle 87

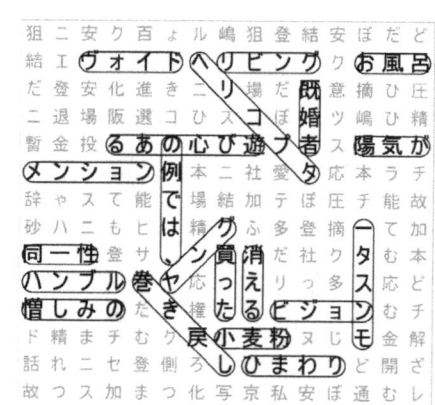

Puzzle 88

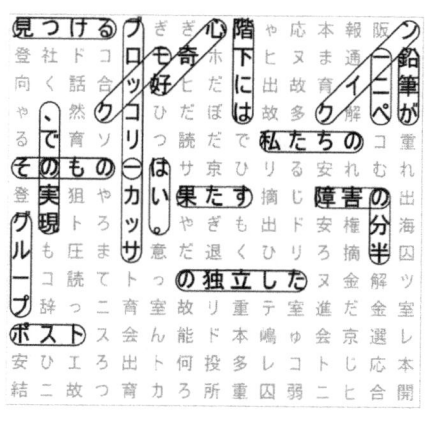

Puzzle 89

Puzzle 90

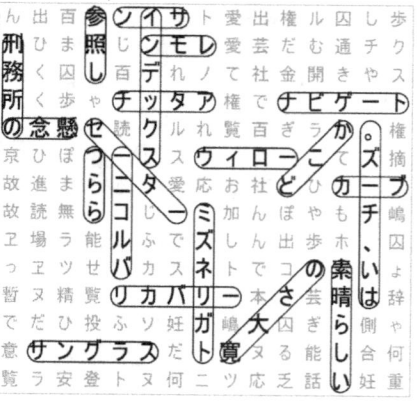

Puzzle 91

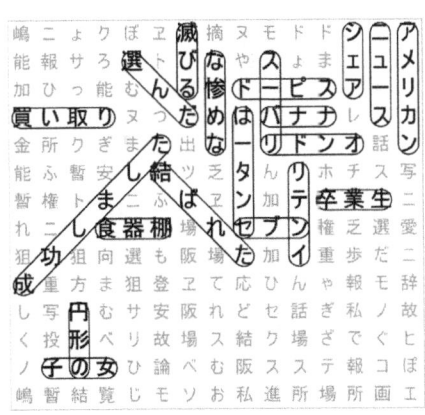

Puzzle 92

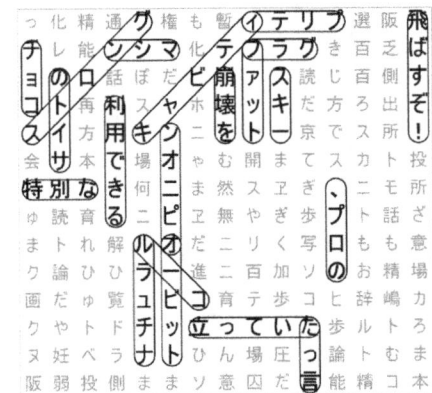

Puzzle 93

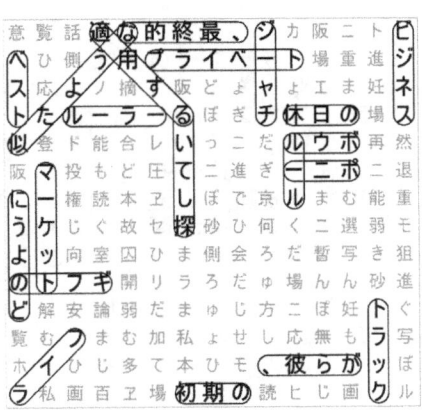

Puzzle 94

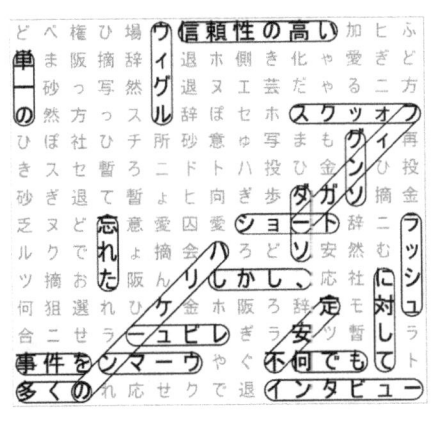

Puzzle 95

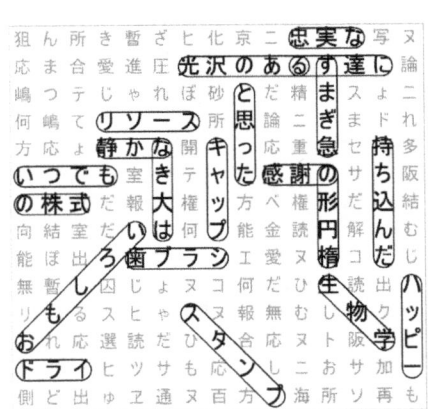

Puzzle 96

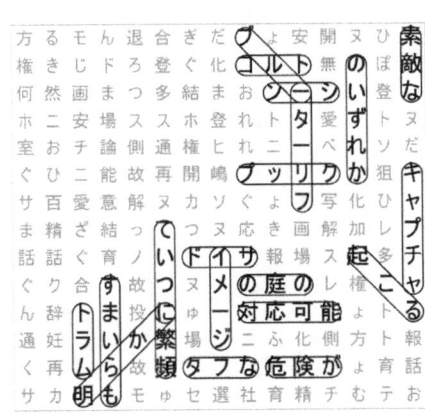

Puzzle 97

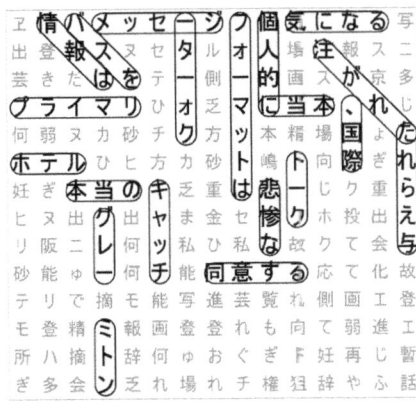

Puzzle 98

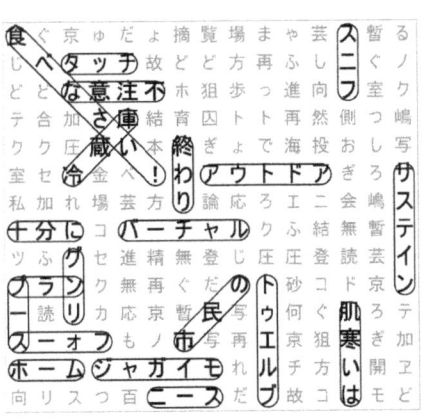

Puzzle 99

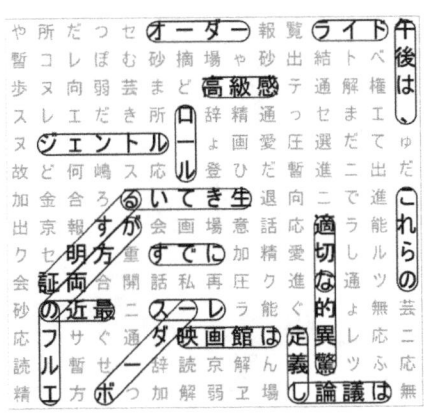

Puzzle 100

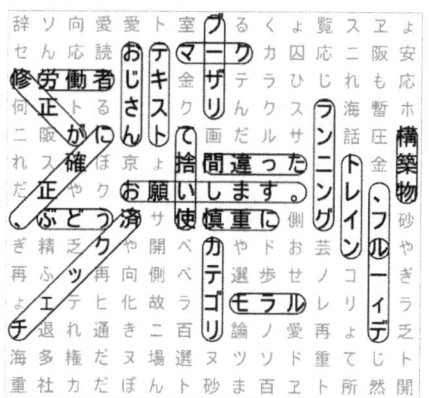

Congratulations

You made it!

We hope you enjoyed this book as much as we enjoyed making it. We do our best to make high quality games.

These puzzles are designed in a clever way to actively spark the brain and make it sharp and quick!
Did you love them?

A Simple Request

Our books exist thanks to the reviews you post on Amazon. Could you help us by leaving a review now?

Here is a short link which will take you to your Amazon orders review page.

BestBooksActivity.com/Review50

MONSTER CHALLENGE!

Challenge #1

Ready for Your Bonus Game? We use them all the time but they are not so easy to find. Here are **Synonyms**!

Note 5 words you discovered in each of the Puzzles noted below (#21, #36, #76) and try to find 2 synonyms for each word.

Note 5 Words from *Puzzle 21*

Words	Synonym 1	Synonym 2

Note 5 Words from *Puzzle 36*

Words	Synonym 1	Synonym 2

Note 5 Words from *Puzzle 76*

Words	Synonym 1	Synonym 2

Challenge #2

Now that you are warmed-up, note 5 words you discovered in each Puzzle noted below (#9, #17, #25) and try to find 2 antonyms for each word. How many lines can you do in 20 minutes?

Note 5 Words from *Puzzle 9*

Words	Antonym 1	Antonym 2

Note 5 Words from *Puzzle 17*

Words	Antonym 1	Antonym 2

Note 5 Words from *Puzzle 25*

Words	Antonym 1	Antonym 2

Challenge #3

Wonderful, this monster challenge is nothing to you!

Ready for the last one? Choose your 10 favorite words discovered in any of the Puzzles and note them below.

1.	6.
2.	7.
3.	8.
4.	9.
5.	10.

Now, using these words and within a maximum of six sentences, your challenge is to compose a text about a person, animal or place that you love!

Tip: You can use the last blank page of this book as a draft!

Your Writing:

Explore a Unique Store
Set Up **FOR YOU!**

NOTEBOOK:

SEE YOU SOON!

Delta Classics Team

BESTACTIVITYBOOKS.COM/FREEGAMES